漱石枕流，悠悠百年

——纪念夏目漱石诞辰一百五十周年

吴树文

在日本，提到作家夏目漱石，可说无人不知。最常用的一千日元纸币正面曾以夏目漱石的肖像为图案。至于夏目漱石的作品，从袖珍型的文库本到各种开本的文集、全集，始终是书店常备的热门书。而且，儿童读物、青少年读物、知识教养丛书、中老年爱读书目以及各种文学名著书目里，都少不了夏目漱石的作品。

夏目漱石在世四十九年，正是日本明治维新后的四十九年。近代日本确立时期的日本社会中发生的种种社会现象、社会事件乃至明治文明的形式及表现，都在夏目漱石的作品里有所反映和论述。

夏目漱石的出现，使日本近代文学面目一新。在自然主义文学主导文坛、浪漫主义文学席卷文坛的时候，漱石文学独树一帜，摆脱劝善惩恶式的教训主义故事格局，对人间社会洞察细微，连用“讲谈”、“落语”中的传统手法和写生文的技法，针砭日本文明社会的弊端，揭露金钱支配社会的丑恶现象，反映人们内心深处的孤独，可谓嬉笑怒骂皆成文章。漱石作品的读者层次广泛，知识分子尤其青睐，置身其间，倍感亲切。

夏目漱石亦是一位德高望重的文坛领袖。其住所的书斋漱石山房，不啻是当时文人的殿堂。有才能的文学青年和作家，多在漱石的奖掖、薰陶下，成名成家于文坛。作品脍炙人口的芥川龙之介就是其中之一。从夏目漱石致芥川龙之介与久米正雄的一则普通的复信中，足可窥见夏目漱石诲人不倦的形象。对于当时尚未为人所知的两名青年，夏目漱石谆谆告诫，一丝不苟。夏目漱石大概从这两名才情横溢的青年身上感到了一种不祥气氛，遂殷切直言：宜超然于世间文史之评，如牛之强稳有力迈步向前。旨在指出：勿为文坛之区区评价而喜而忧，勿介意世间文士，要努力于己之所见、己之所尚，则佳作必为世间所承认。

其实，此乃夏目漱石一贯之思想。对人也好，对社会也好，夏目漱石极为注重其内在内发的因素，批评明治的日本社会不过是在模仿西欧的外表形态，绝非内在真髓的变革。所以，当日本因在日俄战争中获得胜利而沉浸于自视世界一流强国的兴奋中时，夏目漱石在《三四郎》里借广田先生之口，喊出了日本要亡国。

有人分析说，也许是因为日本尚未真正成为内在内发的国家吧，所以夏目漱石的作品至今在日本盛销不衰，夏目漱石亦始终是超越了时代的日本热门作家。一百年来，漱石文学在日本社会中举足轻重，今后仍会有不同凡响的影响。

夏目漱石生于一八六七年一月五日，旧历是日为庚申。民间流传，生于庚申之日者，名中须带有“金”字，否则成人后多当大盗。于是父母命名“金之助”。翌年，江户幕府倒台，日本改年号为明治，步入近代化新阶段，史称“明治维新”。如若按照日本人多用实足年数计算年龄的习惯，则漱石与明治同龄。

夏目家曾是世袭的行政官僚。夏目漱石在东京新宿区诞生时，家道已经中落，其父只是该区属下的一名小官吏。其母是续弦。夏目漱石是众多子女中的幼子，出生后未受重视，不久被送入旧货商盐原家当养子。婴儿时期的漱石常坐在箩筐里，同那些旧货旧物一起陈置于地摊。五年后，漱石被送回夏目家。至于复籍生家，漱石已二十一岁。当时夏目家的长子次子相继因肺病而死亡。看来，自小不运的经历，使漱石对“人间爱”敏感不凡，以至于后来的漱石文学在表现“人间爱”方面亦丰富多姿。

一八八一年，夏目漱石十四岁，他离开东京府第一中学，转入二松学舍求学，打下了汉学的基础。汉文的素养使漱石文学别具一格，使他驰骋文坛得心应手。比如“浪漫”的汉字译词，就出于漱石之手而被沿用至今。当时，“浪漫主义”这一受西欧影响而风行日本的时髦流派，由森鸥外译作“传奇主义”。

其实，夏目漱石为生计虑，起先是想学建筑的。后来听从朋友米山的建议，感到选建筑专业是出于一己之得失，有志者当以天下为己任而改选文学。

一八九三年，夏目漱石从当时的东京帝国大学英文专业毕业，因爱吟咏汉诗，兼受中学时代的好友正冈子规的影响，便致力于俳句的创作。这在后来的漱石文学摆脱俗气、俗臭，显示出脱俗性上，有着无与伦比的作用。“漱石”这个笔名典出中国南北朝时期的名著《世说新语·排调》，涵有固执异癖之意。由此亦可窥见夏目漱石之情趣所在。

此时，夏目漱石有志于英文和英国文学的教学及研究工作，在旧制高等学校执教鞭，讲授英文，没有写小说的打算。

一九〇〇年，夏目漱石作为日本文部省第一批公费留学生，赴伦敦研究英文，颇感夙愿得偿。但是，赴英伊始，伦敦生活费之高昂使他拮据不安，经常嚼饼干充饥，闷闭于宿舍攻读英国文学著作。不久，他似有所悟，对这种研究产生狐疑，开始探索文学之真髓。为了这个新的大课题，夏目漱石节衣缩食，购买参考书籍，潜心研究，以致疏忽了向文部省的汇报，受到重责。

发愤研究的结果，夏目漱石写出了《文学论》。与此同时，留学经费之不足，贫困的生活现状，加上可怕的孤独感，使他的神经衰弱症日益严重。在留学期限临近之时，文部省闻说夏目漱石有病态发作之虞，遂发电，命另一名旅欧留学生护送精神异常的夏目漱石提前回国。

一九〇三年，夏目漱石回国，作为小泉八云的继任者，在第一高等学校任教，并在东京大学讲授英国文学、《文学论》以及《文学评论》。但是，两年有余的极不愉快的留学生活和苦痛体验，使他对研究英国文学日益感到不安和空虚。加上精神状况每下愈况，夏目漱石遂在朋友的怂恿下，走上了创作之路。换言之，夏目漱石年近四十才开始写小说，这是小说家中颇为罕见的。但是，正因为如此，夏目漱石的小说往往蕴藉着圆熟深邃的人生哲理。第一部小说《我是猫》是借猫之眼来洞察人类社会，痛快淋漓地讽刺并鞭笞社会的功利、卑俗、傲慢、野蛮，描写了明治时代知识分子的良心，使人感受到人生和人性深处的真相。

夏目漱石是日本较早接触西洋文化和西洋文明的知识分子，亦较早洞察到日本的西洋文明化有重大弊端。

一九〇七年，夏目漱石不堪教师生涯的身心折磨，应朝日新闻社予以大学教授同等待遇之聘，进入朝日新闻社，成为报社专职作家，一年须发表十二篇作品。嗣后，夏目漱石在《朝日新闻》上络绎发表连载小说。入社后的第一部长篇连载小说是《虞美人草》。接着是爱情三部曲《三四郎》《后来的事》《门》。

夏目漱石在不失为优秀的青春小说《三四郎》里，描绘了纯朴无邪的青年三四郎与明治新女性美祢子之间不存在爱情的爱情模式。而《后来的事》则旨在表明，爱的价值源泉当存在于"自然天成"之中，不在于神，亦不在于近代西欧的个人主义。换言之，爱的源泉是日本人心灵深处的自然天成。《门》描绘了自然天成左右人生的幸与不幸。至此，在爱情问题上承上启下的三部曲长篇小说谱完终章。但弦外余音，不一而止。譬如：人们在内省之下，决心不顾社会制裁也要归依自然之昔我，其结果，会不会陷入以更深的内省再度否定目前之自我的境地呢？

兼有东西文化教养的夏目漱石，在爱情三部曲里描绘了受西欧影响的"恋爱"，这种"爱"既不同于日本旧有的上对下之"恩爱"，也不同于男女之间的"性爱"。这使当时的读者饶有兴味，与此同时，漱石又融入东洋文化的特点，强调"爱"受"自然"所涵，爱的形式须以自然为源泉。读来隽永可亲。

《门》完成后，夏目漱石到伊豆的修善寺静养，一度严重吐血，生命危笃。起死回生后，心境有颇大的变化。在此期间，漱石坚决推辞文学博士的称号，令世人惊叹。

在嗣后的三年里，夏目漱石发表了以缀短篇为长篇形式的《春分之后》、描绘身心疲惫与文学生涯的长篇小说《行人》、描述三角恋爱中日本人文学理念观的长篇小说《心》和自传体性质的长篇小说《路边草》。

一九一六年，夏目漱石在上一年连载完《路边草》后，发表连载小说《明暗》，但未及完成而病逝。终年四十九岁。

夏目漱石还撰有众多“意余于言”的随笔。就其文章来说，乃是日本语的范文。在中国，文学本源于经史一类的正统文章，有“言无文，行不远”之说。日本自古以来受中国的影响，亦以随笔、日记文学为正统，体现文人的品学和地位。

夏目漱石在去世前一年写下的杂感性质的小品集《玻璃门内》，多为生与死的思索。漱石认为“死”是至高的境界，同时慨叹人无法摆脱“生”的本能和执著。

夏目漱石本擅长刻划人心深处的葛藤，小说很少直接道及其个人的生活和思想。但随笔一卸小说樊篱，剖析内在的自我，诙谐、困惑、敦厚、淳朴、真实，乃是洞察漱石内心世界和复杂人生观的重要途径。

夏目漱石年谱

一八六七年(庆应三年)出生

二月九日(旧历正月五日),生于江户牛込马场下横町(今新宿区喜久井町一番地),为第五子。本名金之助。父名小兵卫直克。母名千枝。父亲掌管牛込十一町,明治维新后任区长。

一八六八年(庆应四年·明治元年)一岁

十一月,成为曾为夏目家门生的盐原昌之助的养子。

一八七二年(明治五年)五岁

养父盐原昌之助,为养子金之助办理入籍手续。

一八七四年(明治七年)七岁

十二月,入读户田小学。同年,养父母关系不和。回生身父母家一段时间后,被养母接去同住。

一八七五年(明治八年)八岁

由于养父母正式离婚,户籍虽还在盐原家,却被夏目家带回。

一八七六年(明治九年)九岁

转读市谷小学。常去说书场旁听。

一八七八年(明治十一年)十一岁

转读锦华小学。

一八七九年(明治十二年)十二岁

三月,入读东京府第一中学。

一八八一年(明治十四年)十四岁

一月,母千枝去世。四月,转入汉学堂二松学舍,学习汉学。

一八八三年(明治十六年)十六岁

七月,为备考大学预备学校,入读成立学舍。

一八八四年(明治十七年)十七岁

九月,入读东京大学预备学校预科。与柴野(中村)是公、太田达人、佐藤友熊组成"十日会",成为亲密好友。

一八八六年(明治十九年)十九岁

四月,东京大学预备学校更名为第一高等中学。九月,决意自立,与柴野是公一起成为江东义塾教师。初见正冈子规。

一八八七年(明治二十年)二十岁

一月,取得第一高等中学第一名的成绩,自此至毕业成绩始终保持首位。三月,大哥去世。六月,二哥去世。家运衰败。

一八八八年(明治二十一年)二十一岁

一月,户籍复归夏目家。七月,第一高等中学预科毕业;九月,升入本科。起初志愿为建筑专业,后在同学米山保三郎的建议下改报英文专业。

一八八九年(明治二十二年)二十二岁

在正冈子规的《七草集》上发表评论,首度以“漱石”署名。此后,与子规交往甚密。八月,与同学游房总半岛。九月,将写就的纪行汉诗文集《木屑录》寄予子规,子规惊叹于其文才,二人交往进一步加深。

一八九〇年(明治二十三年)二十三岁

七月,第一高等中学第一部本科毕业。九月,进入帝国大学文科大学英文专业。

一八九一年(明治二十四年)二十四岁

七月,敬爱的嫂子登世(三哥之妻)去世。暑假,与中村是公、山川信次郎登富士山。

一八九二年(明治二十五年)二十五岁

二月,受同校教授迪克逊之托,开始《方丈记》的英译工作。为豁免兵役,四月将户籍移入北海道,成为北海道平民。七月,与子规首次游历关西地区。与子规分别后,在二哥遗孀家乡冈山稍作逗留。八月,前往松山拜访子规,与高浜虚子结识。八月下旬,返回东京。十月,在《哲学杂志》上发表诗评。

一八九三年(明治二十六年)二十六岁

一月,在文科大学英文学谈话会上发表题为《英国诗人关于天地山川的观念》讲演,引起巨大反响。七月,帝国大学文科大学英文学科毕业,进入帝国大学研究生院学习。十月,于东京高等师范学校任英语教师。

一八九四年(明治二十七年)二十七岁

神经衰弱症加剧。

一八九五年(明治二十八年)二十八岁

一月,应聘《日本通信》记者,未获录用。四月,辞去高等师范学校教职,成为爱媛县寻常中学(今松山中学)教员。同年,子规由甲午战争战场上归来,二人频繁交游,切磋俳句。

一八九六年(明治二十九年)二十九岁

四月,转任位于熊本的第五高等学校。在菅虎雄处暂住,五月搬至熊本市内下通町。此后,在熊本一地的搬迁就达五次之多。六月，与中根重一的长女镜子成婚。同年，再度开始汉诗创作。

一八九七年（明治三十年）三十岁

三月，《项狄传》书评发表于《江湖文学》。四月，回东京的意愿与以文学安身立命的想法日益增强。六月，父直克去世。七月，回东京，探望子规。九月上旬，将经历了流产的妻子镜子留在老家，只身回到熊本。十二月末到第二年正月，与山川信次郎游历小天温泉。

一八九八年（明治三十一年）三十一岁

镜子孕吐厉害，情绪不稳。十月，岳父中根重一辞去贵族院书记官长一职。

一八九九年（明治三十二年）三十二岁

四月，在《杜鹃》上发表文章《英国的文人与报纸杂志》。五月，长女笔子出生。八月，《小说〈艾尔温〉的批评》在《杜鹃》发表。与山川信次郎登阿苏山。

一九〇〇年（明治三十三年）三十三岁

五月，受文部省之命，作为第一批公费留学生，赴英留学。九月，由横滨出发。十月，登陆意大利热那亚，途径巴黎，抵达伦敦。在巴黎参观了世博会，登上了埃菲尔铁塔。抵达伦敦后，游览了伦敦塔、大英博物馆、威斯敏斯特宫。十一月，作为旁听生开始在伦敦大学上学。由莎士比亚学者克雷格博士为其单独授课。

一九〇一年(明治三十四年)三十四岁

一月,次女恒子出生。四月,寄给子规、虚子的三封信以《伦敦消息》为题登载于《杜鹃》五月、六月号上。五月,和池田菊苗同住。八月,参观卡莱尔博物馆。八月前后,《文学论》构思定型。

一九〇二年(明治三十五年)三十五岁

九月,子规去世。神经衰弱症发作。秋季,为排遣心绪,练习骑自行车。十月,旅行至苏格兰。十二月,乘坐"博多丸"轮船离开伦敦,踏上归国路。

一九〇三年(明治三十六年)三十六岁

一月,回到日本。四月,就任第一高等学校英语教员、东京帝国大学文科大学讲师。在大学讲授"《织工马南》"与"英文学概说"课程。七月,神经衰弱症加剧,与妻子分居到九月上旬。九月,开讲《麦克白》,此后为莎士比亚的作品连续开课。同时,继续教授"英文学概说"课程(最后一讲是一九〇五年六月)。十月,三女荣子出生。是年,以英文作诗多篇。

一九〇四年(明治三十七年)三十七岁

一月,《关于麦克白的幽灵》发表于《帝国文学》。十一月,应高浜虚子之邀,创作了可以在文章朗读会"山会"上诵读的短篇作品《我是猫》第一回。十二月,《伦敦塔》《卡莱尔博物馆》脱稿。

一九〇五年(明治三十八年)三十八岁

一月,《我是猫》在《杜鹃》、《伦敦塔》在《帝国文学》、《卡莱尔博物馆》在《学灯》上陆续发表。《我是猫》获好评,在《杜鹃》(二月至十月)上连载至第六回。四月,《幻影之盾》在《杜鹃》上发表。六月,《琴之空音》在《七人》上发表。"英文学概说"课程结束之后,开设"十八世纪英文学"(之后汇集为《文学评论》)课程。九月,《一夜》在《中央公论》上发表。十月,《我是猫》上篇由大仓书店・服部书店出版。十一月,《薤露行》在《中央公论》发表。十二月,四女爱子出生。

一九〇六年(明治三十九年) 三十九岁

一月,《趣味的遗传》在《帝国文学》发表。《我是猫》(第七、八回)在《杜鹃》发表。三月,《我是猫》(第九回),四月,《我是猫》(第十回)、《哥儿》,分别发表在《杜鹃》上。五月,短篇集《漾虚集》由大仓书店・服部书店出版。八月,《我是猫》(第十一回)在《杜鹃》上发表,全篇完结。九月,《草枕》在《新小说》发表。十月,《二百十日》在《中央公论》发表。举办第一届"木曜会",此后每周四夏目门生汇聚一堂。

一九〇七年(明治四十年)四十岁

一月,中篇集《鹌鹑笼》由春阳堂出版,《台风》在《杜鹃》发表。四月,辞去东京帝国大学、一高教职,在池边三山的劝说下入职朝日新闻社。在东京美术学校发表题为《文艺的哲学基础》讲演。五月,《文艺的哲学基础》在《东京朝日新闻》发表(至同年六月)。

《文学论》由大仓书店、《我是猫》下篇由大仓书店·服部书店出版。六月，长子纯一出生。二十三日，入朝日社的第一篇作品《虞美人草》在《东京朝日新闻》（至十月二十九日）以及《大阪朝日新闻》（至十月二十八日）上连载。

一九〇八年（明治四十一年）四十一岁

一月一日，《矿工》在《朝日新闻》（至四月六日）上连载。《虞美人草》由春阳堂出版。二月，发表讲演《创作家的态度》。六月，《文鸟》在《大阪朝日新闻》发表。七月，《梦十夜》在《朝日新闻》（至八月）上连载。九月一日，《三四郎》在《朝日新闻》（至十二月二十九日）上连载。《草合》由春阳堂出版。十一月，《答田山花袋君》在《国民新闻》发表。十二月，次子伸六出生。

一九〇九年（明治四十二年）四十二岁

一月，《永日小品》在《东京朝日新闻》（至二月）和《大阪朝日新闻》（至三月）上发表。三月，《文学评论》由春阳堂出版。五月，《三四郎》由春阳堂出版。六月二十七日，在《朝日新闻》（至十月十四日）上连载《后来的事》。九月至十月，应满铁总裁中村是公之邀，游历满洲与朝鲜。十月，《满韩处处》在《朝日新闻》（至十二月）上连载。十一月二十五日，在《东京朝日新闻》上开设"文艺栏"。

一九一〇年（明治四十三年）四十三岁

一月，春阳堂出版《后来的事》。三月一日，《门》在《朝日新闻》（至六月十二日）上连载。二日，五女雏子出生。五月，作品集《四篇》

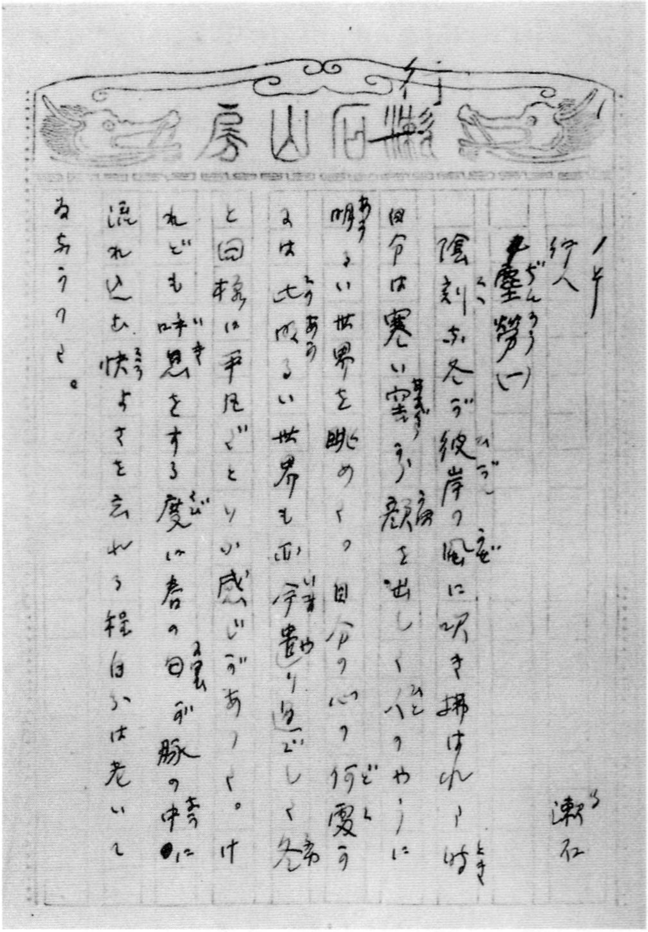

《行人》夏目漱石自书原稿

暗》在《东京朝日新闻》（至十二月十四日）和《大阪朝日新闻》（至十二月二十七日）上连载。十一月十六日，多位门生参加“木曜会”（此为最后一次）。二十一日午前，《明暗》第一百八十八回终稿。二十二日，前夜胃病恶化，欲续写《明暗》而不得。十二月九日，因胃溃疡离世。翌年一月，《明暗》由岩波书店出版。

一九一三年(大正二年)四十六岁

一月,讲演集《社会与自我》由实业之日本社出版。四月七日,胃溃疡复发,卧病,《行人》连载至第三十八回《回来之后》,中止。康复后,跟随津田青枫作油画。九月十七日,再开《行人》连载,发表续篇《烦恼》(至十一月十五日)。后随津田潜心于水彩画、南画的制作中。

一九一四年(大正三年)四十七岁

一月,大仓书店出版《行人》。《内行与外行》在《朝日新闻》发表。四月二十日,《心》在《朝日新闻》(至八月十一日)上连载。六月,户籍由北海道移回东京。八月,在《东京朝日新闻》上发表《科贝尔先生的告别》。九月,《心》由岩波书店出版,为岩波茂雄的创业纪念作品。十一月,在学习院辅仁会讲演,题为《我的个人主义》。

一九一五年(大正四年)四十八岁

一月十三日,随笔《玻璃门内》在《朝日新闻》(至二月二十三日)连载。三月,岩波书店出版《玻璃门内》。游京都。四月,胃病复发,卧床,召镜子前往京都。十七日,回东京。六月三日,《路边草》在《朝日新闻》(至九月十四日)上连载。是为唯一自传体小说。十月,《路边草》由岩波书店出版。秋冬之际,芥川龙之介、久米正雄、松冈让、和辻哲郎等参加"木曜会"。

一九一六年(大正五年)四十九岁

一月,评论《点头录》在《朝日新闻》上发表。五月二十六日,《明

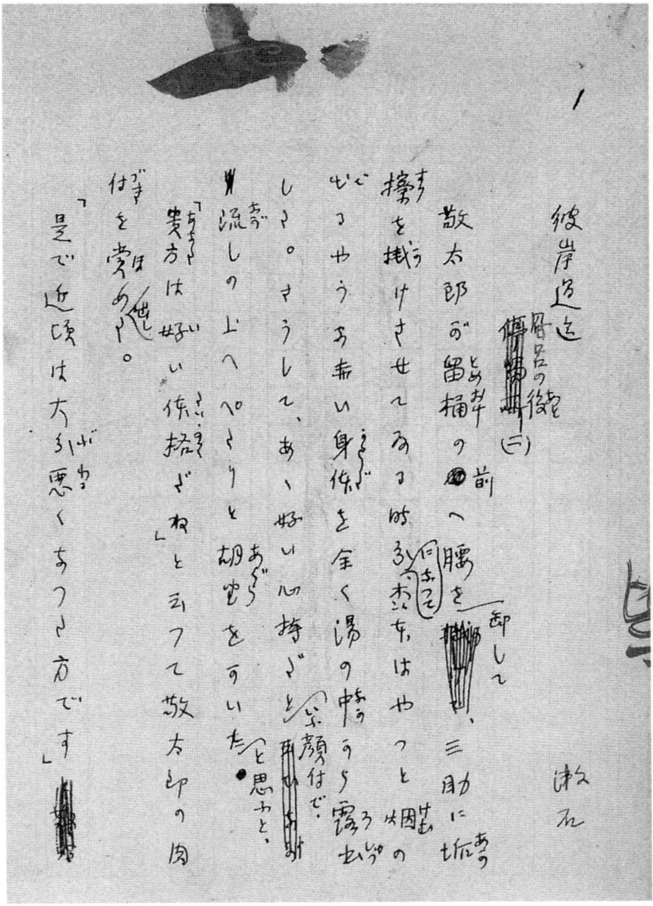

《春分之后》夏目漱石自书原稿

由春阳堂出版。六月，在《门》的创作期间，胃病发作，入长与胃肠医院。七月下旬，出院。八月，前往伊豆修善寺温泉疗养。二十四日，因胃溃疡大量吐血，不省人事。九月，状况好转。十月，返回东京。再次入住长与胃肠医院。热衷于汉诗和俳句的创作。二十九日，描绘病中心境的随笔《回想种种》在《朝日新闻》（至翌年二月二十日）上连载。

一九一一年（明治四十四年）四十四岁

一月，《门》由春阳堂出版。二月，拒绝接受文学博士称号，引发热议。七月，《科贝尔先生》在《朝日新闻》发表。八月，为参加大阪朝日新闻社举办的讲演会而赴关西一带。在明石、和歌山、堺、大阪发表《道乐与职业》《现代日本的开化》《内容与形式》《文艺与道德》等讲演。入住汤川胃肠医院。九月中旬，返回东京。十月，朝日新闻社内部发生纠纷，池边三山辞职，因不忘池边招自己入社的恩情继而表明辞意，被挽留。“文艺栏”废止。十一月，五女雏子夭折，受打击。

一九一二年（明治四十五年·大正元年）四十五岁

一月二日，《春分之后》在《朝日新闻》（至四月二十九日）上连载。二月末，池边三山去世。三月一日，追悼文《三山居士》在《朝日新闻》发表。《春分之后》脱稿后，沉醉于书画与汉诗的世界。九月，春阳堂出版《春分之后》。十月，《文展与艺术》在《东京朝日新闻》发表。十二月六日，《行人》在《朝日新闻》上开始连载。

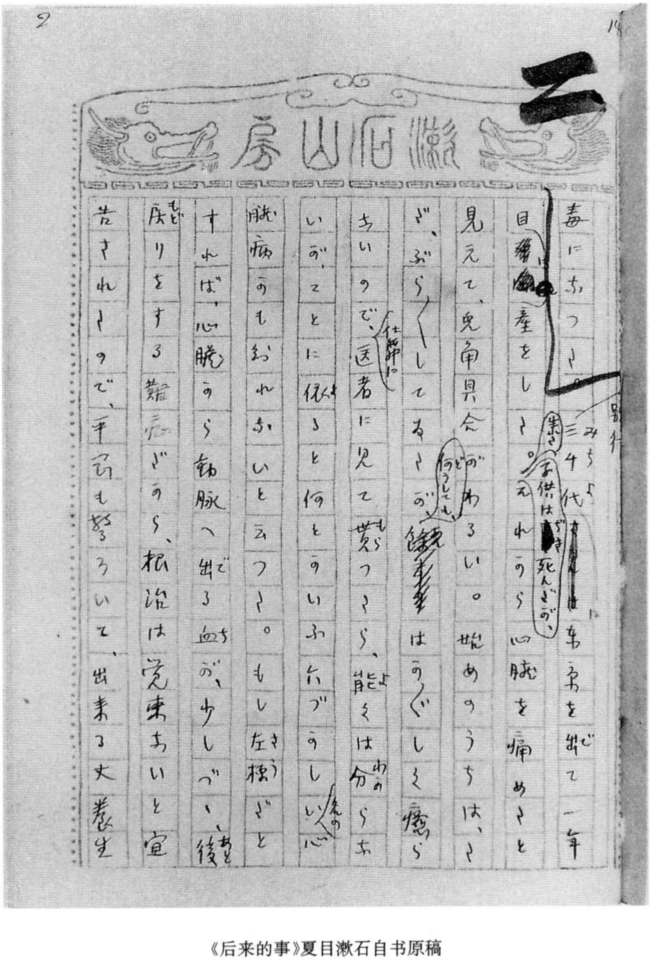

《后来的事》夏目漱石自书原稿

漱石日记

漱石日記

夏目漱石——著
平冈敏夫——编
陈德文——译

Natsume Sōseki

上海译文出版社

目 录

伦敦留学日记

明治三十三年九月八日至明治三十四年十一月十三日

明治三十三年（1900）

九月八日（六） 横滨发。远州洋号轮，稍有晃动。不能进晚餐。

九月九日（日） 十时抵神户。上陆。于諏访山中常盘进午餐。洗温泉。夜泻肚。未进晚餐。

九月十日（一） 夜半，抵长崎。

困卧于地板之上，气息奄奄。凝视直径约一尺之圆窗，一星入窗来。随之离去。船随波动摇。

九月十一日（二） 长崎登陆。前往县厅[①] 见马渊、铃木二氏。

① 译者注：长崎县政府机关。

至筑后町迎阳亭入浴。进午餐。四时半归船。

两氏及池田氏送行。

夜，月色颇好。

九月十二日（三） 梦醒，不见故乡山峦。四顾渺茫。见乙鸟[①]一羽于波上飞翔。船颇动摇。餐桌设木框，以防颠坠。

渐惯于摇动。心情稍安。自长崎上船之西洋妇人众多。似乎皆较我强于乘船。多所羡慕。她们安然打坐在甲板上，老妇少女皆如此。尤其是法国人家族，有个六七岁小孩子，拖着轮船玩具，在甲板上到处奔跑。我也尽量摆出寻常神色。但真正安然无恙的是芳贺[②]那样的人，其他人皆不敢说。其中，尤其不能安心者当数小生。

行李中有《几董集》[③]和《召波集》[④]，想读一读，但不能读。周围都是西洋人，没有吟赏俳句的余地。芳贺恳求讲解《诗韵含英》[⑤]，似乎也难以做到。打算作俳句一二首，同样不能。深为歉然。

横滨起航。左右除我同行者外，尽皆异人。其中因有一日本人，感到好奇，谈起话来，大吃一惊。原来是葡萄牙人，生于香港。神户又有一日本人上船，颇为高兴。一问，也属于没想到的一类。原来他是英国男子和中国女人婚后生下的混血儿。今后再不小心，还会犯奇奇怪怪的错误。注意，注意!

---

① 燕子的别称。

② 芳贺矢一（1867—1927），日本国文学家。留学德国。返日后任东京大学教授。（原书编著者加注，以下未特别注明者均同。）

③ 与谢芜村门人高井几董的俳句集。

④ 与谢芜村门人黑柳召波的俳句集。

⑤ 清刘文蔚著。诗韵集录，附用例。

九月十三日（四） 昧爽，抵吴淞。浊流满目，左右一带青树。入梦者，故乡之人，故乡之家。醒后见西洋人，见沧海。境遇与梦多不调和。

乘小汽艇溯于浊流中。两小时后抵上海。满目皆中国车夫。

家屋宏壮。横滨等不可比也。

往海关访立花政树[①] 氏。因家屋宏大，不易寻找，颇为艰难。

有人告以东和洋行，在此进午餐。立花至。

于立花家进晚餐，到公园听奏乐。

趁此游南京路繁华街，颇罕见。

九月十四日（五） 游愚园、张园。愚园颇愚。中国人轿，西洋人车，杂沓。

午后三时，乘小汽艇回船。就寝。中国人谈话声，外国人谈话声，以及装卸货物的响声，喧骚无穷。

九月十五日（六） 今天是出帆上海的日子。其情景，自昨日，秋风暴烈，掀起黄河般之滚滚浊流，惊心动魄。挂在樯头的白底脱黑彩色锚旗，几乎被狂风撕成碎片。十时起落雨，并排于甲板上的藤椅被吹翻。再经潮水打湿，不可就座。即使勉强坐下，连人都有被海浪卷走之势。

九月十六日（日） 本该昨日出航的船未能出航，今日始出航。

---

① 毕业于东大英文科，漱石同学。后任大连海关署长。

船摇动剧烈，整日待在船舱。午后鼓足勇气去就餐，遂饮半碗汤水即退。

九月十七日（一） 船泊于福州港。昨日船摇动剧烈，浑身甚无力。且泻肚。甚不愉快。

午后四时许，见左右皆福州炮台。深入海湾。

众多中国人持杂货叫卖。喧噪无极。

总管家兼奏乐的队长，穿着前来出售的中国估衣，洋洋自得。

九月十八日（二） 阴。无风，波平。

观左右岛屿。肠胃稍复旧。

终日雨。甲板濡湿，心情很坏。

九月十九日（三） 微雨尚未止。天渐晴。

呆头鹅来热带国。

闪电破碎浪花青。

午后四时顷，抵香港。停靠名为九龙之处。此地至香港，不断有小汽艇往来。一如马关、门司。山巅层楼耸峙，海岸杰阁[①]并立。乃非常之景象。投钱十文，至香港名为“鹤舞”之日本旅馆。污秽不堪。饭后游 Queen's Road[②]，回船。自船上望香港，万灯照水映长空。犹如绮罗之星布，又似满山镶宝石。更像是谁把 diamond[③] 和

---

① 译者注：杰阁，即高阁。唐韩愈《记梦》诗：“隆楼杰阁磊嵬高，天风飘飘吹我过。”宋叶绍翁《四朝闻见录·阅古南园》：“於是飞观杰阁，虚堂广厦……莫不毕备。”

② 译者注：皇后大道。夹杂英文是夏目漱石日记中的行文特点，本书予以保留。

③ 译者注：英语，钻石。

ruby[1] 颈饰，遍山遍港撒满地。此时，夜九时。

九月二十日（四） 午前，再去香港，登 Peak[2]。乘地轨缆车上六十度陡坡。惊诧不已。自顶端俯瞰，风景独好。复归缆车回返。车过陡险处，感觉甚不适，下车。归船。午后四时起航。

九月二十一日（五） 晴。

九月二十二日（六） 阴。午时，自香港始，已在海上航行六百四十一海里。

九月二十三日（日） 无事。今日星期天，二等舱传教士照例唱歌，宣教。上甲板亦有德国人宣教，声如吵架。

九月二十四日（一） 胃不适，腹泻，心情极坏。今夜十时许当抵新加坡。

九月二十五日（二） 昧爽，抵新加坡。本以为颇热，竟然非常凉爽。相当于东京九月末。但逢阴天，土人乘独木舟徘徊船侧。船客投钱于海中，众皆跃入水拾之。

土人有操日语者，持日本旅馆松尾某的广告牌至。命雇马车二辆，每辆车资二元五角，至植物园。热带地方植物郁郁青青，颇美。

---

① 译者注：英语，红宝石。
② 译者注：英语，山顶。在香港一般指代“太平山山顶”。

看虎、蛇、鳄鱼。有 conservatory[1]。再看博物馆。不甚好。归途至松岛吃午饭。此处似日本町，貌丑业妇[2] 徘徊街头。颇怪异。午后三时，再乘马车归船。已三时半。

九月二十六日（三） 凉。

九月二十七日（四） 朝抵越南。午前九时起航，故不得上陆。降雨。十时许，晴。

九月二十八日（五） 雨。

九月二十九日（六） 阴。说起印度洋，甲板上风猛，寒凉。

九月三十日（日） 无事。

十月一日（一） 十二时许，抵科伦坡。众多黑奴拥入船中招客，呶呶不休。颇心烦。中有二三人欲作引导者，出示日本旧游者名刺或推荐书之类。应其中一人请求，随之登陆，至 British India Hotel[3]。此乃结构不大，属中流以下之旅馆。

乘马车参观佛寺。有舍利塔。塔上雕镂之物，谓之 moonstone[4]。此乃旧迹，年年修缮，毫不足观。且构筑亦粗糙。路上土人，投花

---

① 译者注：温室，暖房。
② 译者注：妓女。
③ 译者注：英属印度酒店。
④ 译者注：月长石。

于车中索钱。且高叫 Japan，Japan，要钱！甚烦。佛寺内尤烈。一少女不投钱，强使之以花易钱。不得已取之，而后立即追逼索钱。亡国之民乃下等者也。

见香蕉、可可树已成熟，颇美。道路整备，树木青青，草地茂盛，原非日本可比。

六时半，回旅馆，晚餐吃名品咖喱米饭，归船。向导印度人颇勤于接待，其后见收据索价甚高。导游费十 rupee[①]，马车两辆二十 rupee。马车费等，明显违反规定。然一切陌生之旅客，只得按要价付钱，且为之写推举状。尽是此等愚蠢事。同时甚是对不起后来游览的日本人。我等一行竟干出此等亏心之事矣。

十月二日（二） 晨骤雨来。甲板上有印度魔术师演戏。与日本豆藏[②] 大同小异。自空笊篱中取出眼镜蛇缠绕在手脚上。似乎兼作杂耍艺人和魔术师。且一如 Standard Dictionary[③] 中的眼镜蛇画。

十月三日（三） 晴。无事。

十月四日（四） 午前，坐在甲板椅子上读书。突闻女声呼叫“夏目先生”。惊视之，乃 Mrs. Nott[④]。据说，因我未去一等舱访她，故主动前来。且命我明日午后去她那里饮茶，而后返回。五时半。

---

① 译者注：卢比。印度等国的货币单位。
② 豆藏，江户时代于道旁表演力技和杂耍的男子。后统称以此为业的人。
③ 译者注：标准词典。
④ 诺特夫人。作者在熊本时代认识的老妇人。曾托她为自己向剑桥大学学部长安德鲁兹开具介绍信。

十月五日（五） 午后三时半，去一等舱访Mrs. Nott。女史非常善于交际。我被介绍给多位人士。然而却不记得其中任何一位。且皆称赞我英语精巧，令我赧颜之至。女史音调很低，且语速极快，即使日本人也很难听懂，实在为难。若一味应付，当很危险。令人唯唯。畅所欲言，并托她到英国后为我周旋介绍信一纸。其后返。五时半。

十月六日（六） 这两三日，风波颇平稳。今朝殊静，宛如行于镜上。印度洋亦格外如此。欲给故乡写信，颇为麻烦。

云峰耸峙，船过无风大海洋。

午后，见无数大鱼跃于波间。

十月七日（日） 满月，甚美。

十月八日（一） 今日出国整一月。午后当抵Aden（亚丁）。夜抵Aden。

十月九日（二） 仍泊于Aden。

望之，不毛之秃山巑岐，景色颇奇怪。十时许出航。始见阿非利加之土人。遂信卢舍那佛头之本家乃在于兹也。

十月十日（三） 昨夜过Babelmandeb海峡[1]。始感炎热。今夜

① 曼德海峡。

一等舱有 ball 活动。乃千辛万苦之事也。进入 cabin[①] 就寝。热，不可名状。

红日坠海热无涯。

海烧日红（以下无文）

日落海底热自来。

十月十一日（四） 昨夜入 cabin（船舱）就寝，苦热不可名状。流汗淋漓。不欲生。今夜依然。黎明渐凉。

十月十二日（五） 秋气渐多。然而，船客尚未脱白衣。不到苏伊士以北，则不寒冷。夜望右岸 Sinai（西奈）山。月未上，云陆难辨。

十月十三日（六） 晨九时许抵苏伊士。满目突兀，无一草一木。自此入运河。于苏伊士购买 *London Times*（《伦敦时报》）及带有伊藤、山县[②] 照片的两三种杂志。并记述本邦[③] 内阁之交迭。

十月十四日（日） 抵 Port Said[④]。午前八时出航。自此进入地中海。秋气满目。船客多数舍白衣。中有白衣外着外套等物者。颇奇。

十月十五日（一） 听 Bible（拜布尔）的 exposition[⑤]。夜同

① 译者注：船舱。
② 伊藤博文（1841—1909）和山县有朋（1838—1922）。
③ 译者注：指日本。
④ 译者注：塞得港。
⑤ 译者注：句意是听《圣经》的讲解。

Doctor Wilson（威尔逊博士）谈话。

十月十六日（二） 大海荒瀚，气色恶劣。

十月十七日（三） 听exposition。

薄暮抵Naples（那不勒斯）。König Albert[①] 今夜十时发，驶往横滨。舰上有松本亦太郎[②] 等四五位本邦人。隔二三百米相泊。呼之欲应。然我船不知何故不许上陆。因而不得见友人。遗憾。

十月十八日（四） 登陆Naples，参观两座cathedrals（大教堂）、museum（博物馆），以及Arcade Royal Palace（卡萨特皇宫）。寺院颇庄严。宏伟的博物馆内，陈列无数有名的大理石雕刻。且Pompeii（庞贝古城）发掘物非常多。Royal Palace 亦颇美。道路皆以石敷地。此地乃为来西洋首次登陆之所，故甚感惊异。

十月十九日（五） 午后二时许，抵Genoa[③]。街衢壮丽，背倚丘陵。薄暮上陆，宿Grand Hotel（大酒店）。建筑宏壮。生来首次入住此等馆舍。饭后雇向导陪同市内散步。

十月二十日（六） 午前八时半乘火车自Genoa出发。坐旅馆马车急驶往车站，颇为气派。然不知站内方角委细，辗转逡巡，洵

---

① 译者注：阿尔贝特国王号。

② 松本亦太郎（1865—1943），日本心理学家，美学家。此时留德结束，乘König Albert回日本途中。后为东大、京大教授。

③ 译者注：热那亚。

然可笑之至。火车到达，将欲乘车，occupied[①]，突然从哪里传来一声呵斥，而终究不知所以。终于发现一家 Cook 的 agent[②]，遂以英语相求。不久，因乘客满员，新增一班列车，虽可乘坐，但因中途须换车，故不想乘。后至该所站前旅馆吃中饭，等四时半的火车。自 Genoa 上陆以来，被人带着到处转悠，足足看了个够。虽不至于估计错误，却是一场竞争。

四时半许，旅馆伙计送我们去乘火车，到处都是 occupied，不得进入。五人渐分散而入。最后我跟着红帽子茫然辗转多时，随挤入西洋人之内。众皆斜睨于我。此种状态，一直持续到 Modane[③]。据说在这里查验行李进入法国国境，所以看着一到，赶快拎着行李飞跑下车。岂知上个大当，检察官直接到车上检验，于是仓皇回头，早有陌生人俨然占据了我们的座席。我用英语跟他说："这是我的座位。"他十分霸道地回应道："你什么也没放，我才坐在这里的。"不得已，只得到藤代[④]氏座席旁边的走廊上站着。一位列车员模样的人前来，指着旁边一节车厢，滔滔不绝讲了半天，我全然不懂。窥之，定员八人，空一席位。我引以为幸坐了进去，同席一行六人，一齐对我责骂不已。然而，我也不甘示弱，权当耳边风吹过。如此一直坚持到东方既白。八时许，抵巴黎。走出车站，简直不辨东西，实在难为情。藤代氏抓住一位警察打扮的人，用自己在船上苦学一夜的法语说了些什么，那警察是个十分亲切的人，雇用马车将我们送

---

① 译者注：意为"满员"。
② 英国实业家托马斯·库克（Thomas Cook）创办的旅行代理店。
③ 译者注：摩丹，法国边境小镇。
④ 藤代祯辅（1868—1927），德国文学研究家。留学德国，后为东大教授。

到正木[①]氏住所。但正木氏去英国旅行，没有见到。有渡边[②]氏者，为之受理早餐和午餐。应命同法国人同桌吃饭，此为首次。饭后至车站，再度取回行李。去料理店用晚餐。有美人，操英语。夜归，入住 Nodier（诺狄耶）夫人家[③]。此地经渡边氏之手租得。

十月二十二日（一） 十时许，往公使馆访安达[④]氏。不在。再去其寓居，仍未遇。访浅井忠[⑤]氏，亦不在。只得回返住处。午后二时，渡边氏陪同参观博览会[⑥]。规模宏大，非三两日所能轻易尽观。甚至不辨方角。登埃菲尔铁塔归途，于渡边氏处吃晚饭。后至 Grands Boulevards[⑦]，目击其壮丽、繁华之象。其中有胜于夏夜银座景色五十倍者。

十月二十三日（二） 晨，樋口氏来。吃午饭。冈本氏来。晚餐吃日本食。后至 Music House（音乐酒吧），再至 Underground Hall（地下大厅）。归宅。午前三时归宅。巴黎之繁华与堕落可惊可叹。

十月二十四日（三） 十二时半，赴安达氏处午宴。六十许归宅。于宿舍吃晚饭，就寝。

---

① 正木直彦（1862—1940），后为东京美术学校（现东京艺大）校长。
② 渡边董之助，日本文部省书记官。
③ 当时居三楼房间。
④ 安达峰一郎（1869—1934），日本驻法公使馆三等书记官，后为驻法大使。
⑤ 浅井忠（1856—1907），日本油画家。1899 年留法，两年后回国。京都高等工艺学校首席教授。文展审查员。
⑥ 1900 年举办的巴黎万国博览会。
⑦ 自协和广场至巴士底广场呈半圆形的林荫大道。

十月二十五日（四） 访渡边氏。去博览会。参观美术馆。宏大，未可全观。日本尤劣。

十月二十六日（五） 晨，访浅井忠氏。其后同芳贺、藤代二氏一起散步。冒雨还。樋口氏来。

十月二十七日（六） 参观博览会。日本陶瓷、西阵织，尤放异彩。

十月二十八日（日） 离巴黎赴伦敦。船中风多，颇苦。晚抵伦敦。

十月二十九日（一） 为冈田氏之要事，步行去伦敦市区。不辨方角。且为南非归来之义勇兵[①]，杂沓非常，甚困顿。夜，与美浓部[②]氏一起散步于杂沓中。

十月三十日（二） 去公使馆面会松井氏。收Mrs. Nott的来信与电报。

十月三十一日（三） Tower Bridge，London Bridge，Tower，Monument. 夜，与美浓部一起参观Haymarket Theatre（干草剧

① 指参加1899年至1902年英荷两国争夺南非领土和资源的战争的兵士，这场战争因有布尔人（荷兰人后裔）兵士参与，史称布尔战争（First Boer War）。

② 美浓部俊吉（1869—？），东大法科毕业。1896年，被派遣赴欧视察各国商工业。回国后历任日本农商务省秘书官、大藏省书记官和朝鲜银行总裁等。

院)。Sheridan 的 The School for Scandal。[①]

十一月一日(四) 十二时四十分，乘火车前往 Cambridge[②] 访 Andrews(安德鲁斯)氏。因不了解所在大学的情况。二时抵达。该氏不在。据闻四时归来。随即散步市内，入理发馆。四时会 Andrews 氏，吃茶。后访田岛氏。于 Andrews 氏居宅住一宿。

十一月二日(五) 田岛氏陪同游览 Cambridge。四时在 Andrews 氏宅饮茶。至田岛氏告别。乘 7:45 火车回伦敦。

十一月三日(六) 参观 British Museum[③]。参观 Westminster Abbey[④]。

十一月四日(日) 寻找下宿。无。

十一月五日(一) 参观 National Gallery(国家美术馆)。参观 Westminster Abbey。前往 University College。致信请 Prof. Ker[⑤] 予以介绍。

十一月六日(二) 游览 Hyde Park(海德公园)。

---

① 句意：参观塔桥、伦敦桥，还有伦敦塔、大火纪念塔。观看谢立丹的《造谣学校》。
② 译者注：剑桥，剑桥大学。
③ 译者注：大英博物馆。
④ 威斯敏斯特大教堂(The Collegiate Church of St Peter at Westminster)，通称威斯敏斯特修道院(Westminster Abbey，意译为西敏寺)，坐落在伦敦泰晤士河北岸。
⑤ 威廉·帕顿·科尔(William Paton Ker，1855—1923)，伦敦大学教授，文艺评论家。

Ker回信。明日午后十二时来访。

十一月七日（三） 听Ker讲课。

十一月八日（四） 至公使馆领取学费。寻找下宿。归宅。接Mrs. Nott信和电报。立即前往Sydenham（锡德纳姆）。

十一月九日（五） 参观Lord Mayor's Show[①]。回伦敦。至正金银行取钱。向文部省会计科提交收据。同时也提交中央金库。

十一月十日（六） 寻找下宿。定于十二日搬往Priory Road（隐休路）Miss Milde[②]。

十一月十一日（日） 参观Kensington Museum（肯辛顿博物馆）。参观Victoria and Albert Museum（维多利亚和阿尔博特博物馆）。

十一月十二日（一） 不久即将搬往Priory Road。一早至University College听Lecture（讲座）。Dr. Foster[③]。

十一月十三日（二） 乘Underground railway（地铁）。听

---

① 伦敦特别市市长就任庆祝游行。
② 米尔德小姐处，系第二处下宿。"一如东京小石川"北边的高台（参见《永日小品》《过去的味道》）。
③ 迈克尔·福斯特爵士（Sir. Michael Foster，1836—1907），生理学家。剑桥大学教授。

Ker 的 lecture。

十一月十四日（三）

十一月十五日（四） 终日同长尾氏[1] 闲谈。

十一月十六日（五） 至 Pritchett（普里切特）。

十一月十七日（六） 参拜 St．Paul（圣保罗大教堂）。

十一月十八日（日） 整理书信。

十一月十九日（一） 到 Holborn（霍尔本）买书。

十一月二十日（二） 试着买 Biscuit（饼干）代替午饭。一罐八十钱。

十一月二十一日（三） 听 Ker 讲课。颇有趣。Craig[2] 回信。字迹一塌糊涂，很难辨认。大意是：明日请来面谈。

---

① 长尾半平（1865—1936），禀台湾总督府民政长官后藤新平之命，出差伦敦。租赁同座建筑两个房间。此人对交通事业多有贡献，以禁酒家而闻名。

② 威廉·詹姆斯·克雷格（William James Craig，1843—1906），莎士比亚研究家，生于爱尔兰。漱石自当天拜访他后，直到翌年十月，常往北卡街接受指导。（参见《永日小品·克雷格先生》）

十一月二十二日（四） 会见 Craig。Shakespeare（莎士比亚）学者。商定一小时五 shilling[①]。是个挺有趣的爷们。

十一月二十三日（五） 游览 Hampstead Heath[②]。颇愉快。

遇见警察。此人作为海员曾来过日本。对日本赞不绝口。

十一月二十七日（二） ? Craig。

十二月四日（二） 访 Craig。

十二月十一月（二）

十二月十八日（二）

明治三十四年（1901）

一月一日（二） 听 Mr. Brett（布雷特先生）讲述英国人对裸体画的意见。随后明白英国裸体画之所以甚少的缘由。

（听 Dalzell（达尔泽尔）氏以及 Walker（沃克）氏对 Christian Religion（基督教）的意见。）

---

① 译者注：先令。英国 1971 年以前的货币单位。
② 译者注：汉普特斯西斯公园。

一月二日（三） 购买Johnson（约翰生）的*British Poets* 75 vols.（《英国诗人》75卷）及*Restoration Drama* 14 vols.（《复辟时期戏剧》14卷）等。于Tottenham Court Road（托特纳姆宫路）Roche。

一月三日（四） 有雾的日子，伦敦街上看太阳，黑红如血。此种褐底而血染的太阳，除却伦敦，其他地方看不到。

他们为别人让座。像本邦人一样不任性而为。

他们宣扬个人权利。像本邦人一样不嫌麻烦。

他们为英国骄傲。一如本邦人为日本骄傲。

他想试试看，究竟为谁骄傲更有价值。

一月四日（五） 伦敦街头散步，试着吐痰看看。黝黑结块，深感惊讶。数百万市民，吸纳此种煤烟和此种尘埃，每日持续浸染其肺脏。我擤鼻涕吐浓痰之时，不由惶悚不安。

一月五日（六） 住居在煤烟中的人们，不解其为何如此美丽。细思之，完全是气候的关系。阳光淡薄之故也。对面道路走来一个矮小而怪异的家伙，渐渐进入面前的镜子。走到跟前才感知是黄皮肤的我本人。

不可相信留洋生的妄言。他们将自己的所闻所见，当作universal case（普遍情况），向人讲述。岂不知，众多皆属于particular case（特殊情况）。其中多为夸夸其谈的尤为可厌的所谓“西洋通”。他们不知流行何种洋服，自以为着装比他人更高贵，更投其时尚，质地最为优良。却不觉悟自己早已被洋服店蒙骗。身着如此服装，洋洋自得，而不断对其他日本人冷嘲热讽。愚劣之举，夥矣。

一月七日（一） 今天始见伦敦落雪。寒甚。

一月八日（二） 雪仍不消。午后愈降愈烈。

一月九日（三） 雪未停。依然阴天。见煤灰掩雪。一如阿苏山下灰。午前更换房间。

一月十日（四） 晨，晴雪。天气爽适。独自散步野外。湿风吹面如春。伦敦Denmark Hill[①] 附近颇闲静，聊可唤起风雅之心。今日同长尾氏散步于Hampstead Heath ，当为来伦敦后最愉快之日。

一月十一日（五） 昨夜去看Kennington（肯宁顿）的Pantomime[②]。其滑稽有类似日本圆游[③] 之处。颇有趣味。表演绮丽，不让West End theatres（西区剧院）。而且是best seat[④]，颇廉价。

有些人对自己的蹩脚英语毫无察觉，反而取笑他人英语不好。这种场合，往往被笑者是正确的，笑人者反而自己搞错了。那些妄

---

① 译者注：丹麦丘，国王学院所在地。
② 译者注：肯宁顿镇的哑剧艺术。
③ 三游亭圆游（1849—1907），落语家（单口相声）。活用其大鼻子，故有“鼻子圆游”之称。
④ 译者注：甲等座席。

称“西洋通”的人，皆属于此类。

一月十二日（六） 不要认为一提到英国人就一定在文学知识上比我们高。他们大多忙于家业，没时间阅读文学书籍。就连respectable报纸也没有心思看。同他们稍微交谈一下，就会立即明白。他们不明说自己对本国文学所知甚少，总是强调没时间看书，或者不懂装懂，随便敷衍过去。这是因为，他们心中充分认识到，若比不上日本人就是奇耻大辱。从我这边说，并不打算说些多余的话有意使对方难堪，而是在适当时机转变话题。我认识一位lady，她是中等社会的人，然而对文学一窍不通。在大学里，我曾看到她在女生们上完课之后，向教授发问Keats[①]和Landor[②]的名字怎么写。我和下宿的一位老爷子一起去看戏，演的是*Robinson Crusoe*[③]，他问我，这是真事还是小说，我回答他，当然是小说。他说，自己也是这么想。由此谈起十八世纪的小说，但他立即转变了话题。他的夫人直到前一时期还在开办女子学校，应该受到过一些教育，但在文学方面，也只是读过一两部小说而已。然而，却硬是装出一副无所不知的样子。我稍微用了几个难读的字，他就弄不明白了。谈话中他夹杂了些低俗的词语，一一问我懂得吗，弄得我哭笑不得。这些人只知道眼下的Ouida[④]或者Corelli[⑤]的名字，但未必

---

① 译者注：约翰·济慈（1795—1821），英国诗人、作家。
② 沃尔特·萨维奇·兰多（1775—1864），英国诗人。
③ 译者注：《鲁滨逊漂流记》。
④ 韦达（1839—1908），英国女作家。出生于英格兰，父亲是英国人，母亲是法国人。她的真名为玛利亚·路易丝·德·拉·拉梅（Malia Louise de la Ramée），其笔名来源于牙牙学语时“路易丝”的昵称。代表作为《佛兰德斯的狗》。
⑤ 玛丽·科雷利（Marie Corelli，1855—1924），英国女作家。

属于低贱的阶层。中层以下无意于笃志者，概属此类。会话重用他们本国语言，故为我辈所不及，但所谓cockney[①]，并非属于高级语言。且不易懂。来到伦敦，能听懂这些，自然很好。伦敦上流社会的语言，既明晰又高雅，当为standard（标准语），但大都易懂。因此之故，见了西洋人，不可妄自崇信，或妄自畏惧。不过，Prof.等皆属饱学之士。即便是这些人，要想出个难题难倒他们，也很容易。

浓雾，如春夜胧月。市内从业者，皆以灯烛为光照。至长尾氏处。于门野[②]氏处吃牛肉火锅，美味非常。午后十一时许归宅。

一月十五日（二） 访Craig氏。

一月十七日（四） 伦敦流行silk hat（大礼帽）和frock-coat[③]行人中亦有身着从跳蚤市场买来的估衣者。细想想，当是英国浪人。

背后的草原，飞来众多鹎鸟似的小鸟在觅食。我问女佣是什么鸟，回答是麻雀。伦敦的麻雀也生得这么大。

一月十八日（五） 英国人时常将一般的词儿搞错了accent[④]，pronunciation[⑤]也不标准。这种情况并不罕见。日本人不大会这样。不过，日本人的英语大都很蹩脚，语调根本不上路。属于歪门邪道

---

① 译者注：伦敦佬，伦敦东区的语言，伦敦方言。
② 门野重九郎（1867—1958），东大工科毕业。留学欧美。后进入大仓组，任伦敦分店经理。后为日本商工会议所会头。
③ 译者注：分别为圆筒形大礼帽和男式大衣。
④ 译者注：重音。
⑤ 译者注：语音，发音。

一类。好不容易获得的学问见识，也被糟蹋得一塌糊涂。实在是遗憾的事。字之丑陋，如见下品。

一月十九日（六） 宴请长尾氏。自午后十二时半一直聊到晚上九时半。颇为愉快。

一月二十日（日） 同 Mr. Brett 与狗一起散步。

一月二十一日（一） 女皇危笃，民众为之忧戚。

一月二十二日（二） The Queen is sinking，访 Craig 氏。送《杜鹃》。子规依旧活着。

一月二十三日（三） 昨晚六时半，女皇驾崩 at Osborne。Flags are hoisted at half-mast. All the town is mourning. I, a foreign subject, also wear a black-necktie to show my respectful sympathy. “The new century has opened rather inauspiciously,” said the shopman of whom I bought a pair of black gloves this morning.[①]

一月二十四日（四） 举行 Edward Ⅶ（爱德华七世）即位的

---

① 维多利亚女王（1819—1901），二日后驾崩于怀特岛奥斯本离宫。漱石作为外国人，为表示悼念之意，特佩戴了黑领带，购买了黑手套。商店店员对他说，新世纪以不祥事件为开端。第二天二十四日，发出爱德华七世即位的布告。

Proclamation（公告）。妻来信报平安。写回信。晚外出洗浴。

终日未散步，肠胃不适。散步归来，必花二元回钱回返。颇困惑。

一月二十五日（五） 给妻发回信。她来信托我于小儿[①] 出生后为之命名。

西洋人惊叹于日本之进步。惊讶来自以往那些对日本轻蔑之人，他们凭意气而胡言妄为，因而才会感到惊讶。大部分人士，既不惊讶，亦不知情。真正让西洋人敬服，不知还得多少年之后。对日本或日本人一向不持 interest（兴趣）的人很多。就连不像样子的下宿的老爷子等人，也都不 appreciate（欣赏）日本，似乎心怀蔑视，时露轻侮之色。他说起话来，一味自我吹嘘，唯有自己和本国最了不起，总是把我看作傻瓜。我一旦说些高雅的事，如果超出对方知识范围以上，则一窍不通，或全部看作是 conceit（自负）。最好还是沉默不语。

一月二十六日（六） 女皇遗体通过市内。

一月二十七日（日） 大风。

夜间，躺在下宿三楼，反复思考日本的前途。日本应该更认真。日本人的眼光应该更加远大。

一月二十八日（一） 昨天是女皇驾崩后第一个礼拜天。诸院皆

---

① 1901 年 1 月 24 日，二女恒子出生。

奏 Handel（亨德尔）[1] 的 Dead March（送葬曲），鸣响着 muffled tolls of Bells（低沉的钟声）。夜里，也有钟声频传。

下宿的女主人和妹妹未乘坐过 Twopence Tube（二便士地铁）。女佣除了自家住宅周围，什么也不知道。外国竟然也有这样的人，应该说我们对于伦敦，比他们知道的更多些。万岁！

一月二十九日（二） 访 Craig 氏。他在继续写作 *King Lear* 的 Introduction（《李尔王》的论文）。归途中，参观 Water Colour Exhibition（水彩画展）。比起油画来，画题、笔法投我所好者颇多。或许更接近日本画的缘故吧，为日本的水彩画所远远不及。又去看 Portrait Gallery（肖像画廊）。一妇人行止奇妙，诸人嘲笑之。这难道就是英国的 civility（礼仪）？可厌之极。归宅。再出。今日大风，天气晴。

一月三十日（三） 好天气。不懂世故的英国女子使人头疼。一老婆子问我知不知道 superstition（迷信）这个词儿；下宿的女主人，问我懂不懂得 tunnel（隧道）是什么意思。真叫我茫然，不知说什么好。

一月三十一日（四） 下宿的女主人对我说，你如此用功读书，回日本后能成为大富翁。好笑。

二月一日（五） 晨至 Dulwich（达利奇镇），参观 Picture

---

① 译者注：乔治·弗里德里希·亨德尔（George Friedrich Handel，1685—1759），英籍德国作曲家。

Gallery（美术馆）。到此地方知偌大英国，亦不乏风流闲雅之趣。

试问烤栗人，画馆知何处。

二月二日（六） 欲观看Queen（女王）葬仪。上午九时，同Mr．Brett一起前往。

从Oval（奥瓦尔站）乘地下电车至Bank（银行站），再换乘Twopence Tube（两个便士的地铁）。房东告诉我们，若在Marble Arch（大理石拱门）下车，人流十分拥挤，不如在next station（下一站）更好些。照他所说，我们进入了Hyde Park。不愧是大公园，人群如潮水。园内的树木，都结满了“人果”，到处寻不出一条通道，房东让我骑在他肩头，好不容易看到队伍胸脯以上的部分。灵柩的颜色以红为白所掩。King（王子），German Emperor（德国皇帝）等，跟随其后。

二月三日（日） 到Dulwich Park（达利奇公园）散步。有广阔的池塘，很多家鸭。绅士贵女颇多。

二月四日（一） 家中女人们一天吃五顿饭。在日本，每天要舂米四次。对此我感到很惊奇。那要一直忙到晚的。

二月五日（二） 访Craig氏，付谢礼。归途购买*Don Quixote*（《堂吉诃德》），Warton[①]的History（《沃顿的历史》）等。代价合

---

① 译者注：托马斯·沃顿（Thomas Warton，1728—1790），英国评论家、桂冠诗人。他未完成的《英国诗歌史》（凡三卷，1774—1781）是一部非常有参考价值的作品。

四十日元。颇愉快。今日接藤代来信。晚上，同田中氏一起入浴。

二月六日（三） 昨晚给德国的藤代和家乡的中根家的母亲[①]写信。一时许就寝。今天早晨咽喉有些疼痛。十二时过后去购物。花钱十多日元。昨日购书已到。房东夫人问："你是从哪里买来的这些古书？"

二月七日（四） 山川[②]寄来贺年片。菅[③]也来了。诸位久未闻讯，实在抱歉。最近我会写信的。

二月八日（五） 晨入浴。午后七时，同田中氏一起去Metropole Theatre（大都会剧院）看戏。这是一出名叫*Wrong Mr. Wright*（《错误的怀特先生》）的滑稽剧。彻头彻尾的滑稽可笑。而且滑稽而不失之恶谑低俗，趣味良多。

二月九日（六） 近日午前九时至十二时半，给山川、狩野[④]、菅、大冢[⑤]四人写信，联名一起，写得好长。

此前我问Craig氏，是否喜欢雪，他回答说很讨厌下雪。问他为什么，他说有泥水，太脏。我对他说，谁都不喜欢泥水，但雪却为poet（诗人）所喜爱。Craig就是常把nature（自然）挂在嘴边

---

① 漱石夫人的母亲中根胜子。
② 山川信次郎（1867—？），东大英文科毕业（比漱石晚一届）。第五高等学校同僚。
③ 菅虎雄（1864—1943），漱石友人。"一高"德语教授。
④ 狩野亨吉（1865—1942），哲学家。漱石友人。京都帝大文科大学长。
⑤ 大冢保治（1868—1931），美学家。漱石友人。同大冢楠绪子（歌人、小说家）结婚。东大教授。

的人。

二月十日（日） 同田中氏一起去Dulwich Park，从那里穿过大门走向Sydenham而后折返。苦于泥泞难行。

二月十一日（一） 前往Brixton（布里克斯顿）。

斯帕罗小姐[1] 是个颇为怯弱而又神经质的女子。她说，一有人在就不能弹钢琴，所以老是考不及格。

二月十二日（二） 访Craig。托他修改文章。他希望extra charge（额外付费）。可鄙的家伙。归途至Charing Cross（查令十字街）欲购古书。一周前出版的catalogue（目录）中欲购者，大都售罄。究竟何人购买，伦敦如此广大。购得*Mackenzie*（《麦肯奇》）三卷和Macpherson（麦克弗森）的*Ossian*（《莪相》）[2]，返回。

二月十三日（三） 于Camberwell Green（坎伯韦尔格林）花十先令购得两册讲解花草插图的书。然后发给铃木[3] 的信。小儿旋转众多陀螺。犹如熊本一带流行的圆木型、中穿一铁棒者，颇为简单。看来很适合于西洋。

家中的人都去观看狗运动会了。天气恶劣，下雪了。当地人对天气毫不关心，近于禽兽。

---

① 房东夫人的妹妹凯特·斯帕罗。

② 译者注：莪相（Ossian），即奥伊辛，也被苏格兰诗人译作《奥西恩》。他是凯尔特神话中的古爱尔兰著名的英雄人物，传说他是一位优秀的诗人。

③ 铃木祯次，建筑家，漱石夫人的妹婿。

And on the bank a lonely flower he spied,
A meek and forlorn flower, with nought of pride,
Drooping its beauty o'er the watery clearness,
To woo its own sad image into nearness.

——Keats.[①]

他凝视着河岸上一朵孤零零的花儿
柔弱的无依无靠的花儿，没有尊严，
在水一般清澄中低垂着美丽，
为了更接近自己悲伤的影子。

——济慈

很有趣的句子，故录于此。

二月十四日（四） 今日，Edward Ⅶ首次召集国会，举行开幕大典。前一时期，因 Victoria 葬礼不得不取消。到 Brixton 散步回来。昨天买古书的 Camberwell 老爷子，说没有炉子，太冷，点煤气驱寒。每当看到这位老爷子和那个蓝色的[②] 雇佣，就想起 Scrooge 和 Bob[③] 的事。

二月十五日（五） 我的下宿的饭菜极差。直到前些时候，住进不少日本人，倒还好，可近来渐渐变得难以下咽了。不过，每

① 济慈《*I stood Tip-toe upon a Little Hill*》（《我踮着脚尖站在一座小山上》）中一节，大意是：静静地，将那美丽降落到清澄的水面，我欲走近悲伤的姿影，说动那寂寞而纤弱的花儿。（出口保夫《伦敦的夏目漱石》）
② 译者注：原文如此。
③ 斯克鲁奇和鲍勃，狄更斯小说《圣诞颂歌》中的主仆。

周25shil（先令），也不能算奢侈。此外，家计也颇不如意。好可怜。

二月十六日（六） Mrs. Edghill（埃奇尔夫人）寄来tea（茶会）的 invitation（请柬）。不能不去。可厌！到Peckham Road（佩克汉姆路）散步。归来迷路。乘巴士返回。

夜晚，应田中氏约请到Kennington Theatre（肯宁顿剧院）看戏，剧目是*Christian*《基督教徒》。不很感人。

二月十七日（日） Snow storm（暴风雪）暂时停止了。到伦敦后，这是遇到的第四场雪。同田中氏一起去Brixton。

二月十八日（一） 走在路上，人人都表现出一脸冷酷的神情，见不到一副亲切的面孔。然而，小孩子们没有一个拖鼻涕的。

前天，在Brixton买东西，曾说遇到个难得的好天气，其实这个"难得"还是让人受不了，真想让他们看看"日本晴"啊！

今日去了理发馆。然后到Denmark Hill散步。五时起，同宅子里的女人们聊天。

二月十九日（二）

A thing of beauty is a joy forever：
Its loveliness increases；it will never
Pass into nothingness；but still will keep
A bower quiet for us，and a sleep

Full of sweet dreams, and health, and quiet breathing.[1]

美丽的东西是永恒的喜悦。

它美妙无比，与日俱增。

它不会泯灭，永不消亡，

且为了我们，永远保有一份幽静，

使我们沉眠于健康而宁静的呼吸之中。

济慈这个人，竟也有这样的想法。

访 Craig。三时起，太阳突然 strike（罢工），全市黑暗。

二月二十日（三） 问 Craig 关于 George Meredith[2] 的事，他全然不知。讲出各种理由，说什么英国的书籍不可能全都读完，这不是什么耻辱的事。

给故乡的妻子写信。晚上收到虚子寄来的《杜鹃》四卷三号。很高兴。夜读《杜鹃》。

二月二十一日（四） 买 Carls-bad[3]。

雪瑟瑟而降。时针三时。可厌，还得去一趟 Dulwich。冒雪出发。抵达目的地时，一看表，早到半小时。雪愈下愈大，没办法，权当是赏雪，拼命地到处转悠，不住走动。看看到时候了，咯吱咯吱，咯吱咯吱，进去了。一声“欢迎”，走进去一看，大吃一惊。狭

① 济慈长诗《恩蒂弥翁》的开头。

② 译者注：乔治·梅瑞狄斯（George Meredith，1828—1909），英国维多利亚时代的小说家、诗人。出身于一个裁缝家庭，一生写有二十多部小说和许多诗歌。

③ 译者注：利用捷克斯洛伐克温泉水制造的肠胃药。

窄的 drawing room（客厅），挨个儿排列着半打的贵妇人。我只好坐下来。从右至左一看，全是不熟悉的女子。家中的妻君也不认识。对外国女子，尤其是从来没见过日本人的外国女子，招呼一声"at home（在家）"，只能算是个土包子，不过实在没办法，因为对方也会很客气地对我，我也会很客气地对他们。上茶了。说了几句客套话。这时候，主人出现了，是个白头发的僧人。看来不像是个善良的人。妻子倒是天生一副美丽的面孔。一口流利的英语。及早回来了。完全是浪费时间。西洋社会是个蠢物，究竟是什么人创立了如此拙劣的社会？有何趣味？雪仍然在下。回住所，同宅内的人一起打牌，玩 domino（多米诺）。然后回宿舍，但没心思读书。低着头在火炉旁烤了半个小时。然后就寝。越来越愚痴。

二月二十三日（六） 中午，进城。和田中氏同行至 Charing Cross，于 Her Majesty's Theatre（女王陛下剧院）观看 *Twelfth Night*[①]。Tree[②] 的 *Malvolio*（《马伏里奥》）。装饰之美、服装丽人，足以炫目。座席都卖光了。不得已在 gallery（站席）观看。

发给 Mrs. Nott 信。

也给高浜发了信。

二月二十四日（日） 夜，同布莱特闲聊。他说，日本人应加以改良，应鼓励和外国人结婚。

---

① 译者注：《第十二夜》，莎士比亚 1602 年创作的戏剧。

② 译者注：赫伯特·比尔博姆·特里（Herbert Beerbohm Tree，1852—1917），英国演员兼剧院经理。

二月二十五日（一） 松本氏寄来七言律诗一首。

走到门外，清扫道路的小孩子对我行礼。小姑娘郑重地弯着腰，道了声：Good morning。前一个是想要钱，后一个不知什么意思。

今夜，准备换洗衬衫及白衬领。

二月二十六日（二） 访 Craig，归还借阅的 Shelley Society（雪莱协会）的 Publication（刊物）两册。夜，往 Kennington 的 Theatre（影院），满员。剧目标题是：*The Sign of the Cross*（《神父在他上方画了个十字》，又名《罗宫春色》）。Rome（罗马）的 Nero① 组织征讨耶稣教徒之事。服装等具有参考价值。颇有趣。

二月二十七日（三） *Hundred Pictures*（《狂斋百图》）的 Part I（第一部分）到来。一共应该是十七个部分。

二月二十八日（四） 登 Herne Hill（赫恩山）。

三月一日（五） 游 Brockwell Park（布洛威公园）。归途中逢 shower（阵雨），全身濡湿。回来后换下衬衫等衣裳。夜入浴。今夜频频入幻梦，浴后即寝之故否？

三月二日（六） 游 Elephant & Castle（大象城堡）。春候渐至。

今日是来伦敦后最美好的天气。然而，好天气不长，渐渐临近

---

① 译者注：尼禄·克劳狄乌斯·德鲁苏斯·日耳曼尼库斯（Nero Claudius Drusus Nero Claudius Germanicus，37—68），古罗马帝国的皇帝。

april shower（春雨季节）了。

三月三日（日） 到 Brixton 散步。因服用 Carls-bad 而泻肚。

三月四日（一） 再至 Brockwell Park，赏花、巡览泉水。见芦芽青青。又见桃花蓓蕾，心情愉快。归来吃午饭。一碗汤、一盘 cold meat（冷餐肉）、一盘 pudding（布丁）、一个橘子和一个苹果。

三月五日（二） 访 Craig，付谢礼。先生读我文章，大加赞赏。然评论本身未必持平，对我少有吹嘘之意。借 Shelley Society 的 Publication 内 W. Rossetti[①] 的 *A Study of Prometheus Unbound*（《论〈解放了的普罗米修斯〉的研究》）等书，归来。归途中，购买 Knight 的《莎翁集》[②] 及其他书籍，五十日元。近期天气阴晴不定。似乎所谓 april shower 已到。书店老板说，可厌的天气，然而正适合读书人。本日在 Baker Street（贝克街）吃午餐，肉一碟，芋头、青菜、茶各一碗，点心两片。花销一先令十便士。晚入浴。

三月六日（三） 依然登 Denmark Hill 散心，归来。听说此地有 Ruskin[③] 之父的宅第。不知在何处。

英国不难见到女醉鬼。Public House（小酒馆）等处，女人成堆。

---

① 译者注：威廉·迈克尔·罗塞蒂（William Michael Rossetti，1829—1919），英国作家和评论家。

② 译者注：查尔斯·奈特（Charles Knight）注释殿版（Imperial Edition）《莎士比亚全集》均未标明具体的出版年代，但 Worldcat 明确于 1873—1876 年出版，绝大多数网络书店标注为 1870—1880 年出版。

③ 约翰·罗斯金（John Ruskin，1819—1900），英国艺术评论家、散文家和社会学家。

三月七日（四） 今天换洗衬衣领。夜，同田中氏前往 Drury Lane Theatre（特鲁里街剧院）。为了看看 Sleeping Beauty（睡美人）。这是去年圣诞节演出 *Pantomime* 有名的地方。场面之大，装饰之美，舞台道具之变幻无穷，上下演员之众，服装之丽，实难以笔纸所能尽述。真乃天宫美景、极乐模样，或可超过可画龙宫十倍之美。随之忆起观音菩萨藻井飞天画，仿佛眼前出现佛经上的大法螺。或如 Keats、Shelley（雪莱）诗作中所 description（描述）的那样，实在令人销魂。有生第一次得见如此华美之人。

三月八日（五） 在英国，即使下雨，市面依然热闹，演出照样进行。日本人害怕雨。这和日本多晴天、日本衣服易受雨损、日本道路极坏，还有穿木屐有关。

三月九日（六） 今日邮政日，发正冈十二枚绘画明信片，并请他转告妻近况。阅读 Lang（朗格）的 *Dreams and Ghosts*（《梦与鬼魂》）。

三月十日（日） 和田中氏去 Vauxhall Park（沃克斯豪尔公园）散步，自 Clapham Common（克拉芬公园）至 Brixton，返回。晚上从布莱特学得以下诗作：

Red sky at night
Is the shepherd's delight.

Red sky in the morning
Is the shepherd's warning.

Morning red and evening gray
Send the traveller on his way.

Morning gray and evening red
Send the rain on his head.

傍晚，那红色的天空，
是牧羊人的喜悦。

早晨，那红色的天空，
是牧羊人的提醒。

早晨红色，夜晚灰色
将旅人送上征程。

早晨灰色，夜晚红色
将雨水洒上他的头顶。

三月十一日（一） 今日，熊本樱井[①] 氏来信。一月二十五投邮。

① 樱井房记，当时任日本第五高等学校教头（教导主任）。

学生京都大学的蒲生[1] 亦来信。樱井氏信中谈及 Brandram（布兰德姆）氏发狂事，送香港途中死亡。实乃可悲。

三月十二日（二） 换穿白衬衫、白内衣和紧身裤。

访 Craig 氏。归途自 Bond St.（邦德街）经 Piccadilly（皮卡迪利大街）至 St. John's Park（圣约翰公园）。青草地上渐渐长出黄色或淡紫色的 tulip（郁金香）亭亭而立，美妙无比。

西洋人挚爱浓艳。挚爱华丽。由看戏可知，由吃饭可知，观其建筑和装饰亦可知。见彼等夫妻抱合、热吻更可知。返照于文学之上，则缺乏洒落超脱之趣。缺乏所谓“出头天外而观之”的气魄。更缺乏“笑而不答心自闲”[2] 之趣。

三月十三日（三） 昨日，山川来信。妻生产。（一月十六日）消息。山川信一月二十八日发。

午后四时起，和布莱特夫人闲聊。听闻往昔交际社会各种故事。英国人的无品行，比起日本人有过之无不及。

三月十四日（四） 走过污秽的街道，见盲人鼓风琴，一黑色意大利人拉小提琴。旁边一四岁左右的女孩，着红衣、蒙红头巾，合着音乐跳舞。

公园郁金香盛开，十分美丽。一侧的长椅上，污秽不堪的乞丐

---

① 蒲生紫川，作者于日本第五高等学校任教时的学生。原紫川。

② 李白《山中问答》：“问余何意栖碧山，笑而不答心自闲。桃花流水窅然去，别有天地非人间。”

在睡午觉。两者contrast（反差）极大。

三月十五日（五） 日本人一旦被看成中国人便觉得可厌，又是为何呢？中国人是远比日本人更讲求名誉的国民。只是不幸目下沉沦于萎靡不振之状态。有心之人，较之被称作日本人，不如被称作中国人更有面子。即令不然，过去日本给中国带来多少骚扰？稍作考虑即可明白。西洋人动辄讨好日本，说他们厌恶中国人，喜欢日本人。闻此言而窃喜，爱听贬损恩邻之恶言，陶醉于夸赞自国独好之恭维话中，实乃轻薄根性所致也。

三月十六日（六） 据说日本已于三十年前觉醒。其实只不过闻钟声而急起，此种觉醒非真正之觉醒也。仍处于继续狼狈之状态。只是急于吸收西洋而无暇消化。文学、政治、商业皆然。日本必须真正觉醒才行。

今日同田中氏一起去Metropole Theatre。有*In the Soup*（《身处困境》）滑稽剧表演。一位名叫Ralph Lumley（拉尔夫·鲁姆利）的人所作。硬提升滑稽作徒步旅行记。

三月十七日（日） 换衬领、白衬衫。

正午与田中氏同道至Kew Garden（邱园）。见众多漂亮的温室。公园颇广大、美丽。进入Kew Palace（邱宫）。

三月十八日（一） 中根[①] 之父有消息，得恒子出生之报。

---

① 中根重一（1851—1906），漱石夫人之父，曾就任贵族院书记官长。

吾人睡觉期间，吾人拉屎撒尿期间，地球继续运转。吾人不知期间，继续运转。命运的车轮与之一道继续运转。不知者是危险的，已知者可得以塑造命运。

三月十九日（二） 访 Craig 氏。付谢礼。夜入浴。购买香烟四盒。

三月二十日（三） 到 Camberwell（坎伯韦尔）的 park（公园）散步。风雨交加。

妻发自二十日的信到达。

三月二十一日（四） 金泽藤井氏[1] 来信。托购买书物事。文部省未汇款来。深感困惑。

英国人自感天下第一强国，法国人也自感天下第一强国。德国人可能也一样。他们都在遗忘过去的历史。罗马灭亡了。希腊也灭亡了。现在的英国、法国和德国，难道就没有灭亡的时候？日本过去有比较满意的历史。有比较满意的现在。未来会如何呢？切勿自鸣得意。切勿自我抛弃。应默默如牛，孜孜如鸡。切勿虚内而大呼。认真思考，诚实而语，挚实而行。汝现今所播之种，不久将变成你应收获的未来而呈现。

三月二十三日（六） 夜访 Metropole Theatre，见 The Royal

① 藤井乙男（1868—1945），日本国文学家、俳人。号紫影。当时任金泽第四高等学校教授。

Family（王室）。颇有意思。明朝，准备换洗白衬领、白布袜。

三月二十四日（日） 访 Balham（巴朗）的 Ihara[①]，不在。再去 Clapham Common 访渡边[②]，也不在。田中氏同行。

三月二十六日（二） 访 Craig。夜，井原氏来。招待晚餐。巴黎长尾氏来书翰。

三月二十七日（三） 立花[③] 自 Albert Dork（阿尔伯特港）的“常陆丸”轮寄来书翰。言明因病归国之由。立即前往探视。容态极差。陪同医学士望月[④]、渡边二氏至 British Museum，以及 National Gallery。领事馆诸井氏来访。为 examiner（考官）事。

三月二十八日（四） 晨，长尾氏来信。夜，写回信。为借金事。

今日入浴。晚上，同罗巴特小姐[⑤] 玩乒乓游戏。因太忙，谢绝井原氏晚宴邀请。

三月二十九日（五） 购卡罗维发利温泉药一瓶。入夜，得领事馆电报。Appoint（委任）我为 Glasgow University 的

---

① 井原斗南。
② 渡边雷。
③ 立花铣三郎（1867—1901），日本国文学家。漱石友人。留学柏林。归国途中病逝于东海船上。
④ 望月惇一。乘“常陆丸”轮，与立花同船回国。
⑤ 布莱特夫人亲戚的女儿。

examiner[①]。立即作好后送领事馆。井原氏寄明信片来，表示遗憾。

三月三十日（六） 换白衬衫。近来每日刮风。白天参观 Hippodrome[②]。一出 Twopence Tube 便迷了路，向来时方向走去。然后去 Hippodrome。已经没座位了，花费五先令。观看 *Cinderella*（《灰姑娘》），还看了狮子、老虎和白熊。归途乘巴士，车上有三人脸带雀斑。答复 Glasgow Unv. 秘书 Clapperton（克拉泊登），同意为之出试题。同时给 Addison（艾迪生）寄去试题。时九时半。

三月三十一日（日） 和田中氏同去 Brockwell Park。遇男女二人，一人说我们是日本人；一人说是中国人。

四月一日（一） 晨被叫醒去吃饭。接 France（法国）长尾氏寄来汇票。吩咐我将八十英镑中的七十英镑寄往巴黎，立即去正金银行办理手续。接 Fardel[③] 信。正冈与夏目兄[④] 亦来信。去理发店。理发师同德国人说日语。

四月二日（二） 访 Craig 氏。归途逛 Charing Cross，购旧书二三册。其中有 1820 年 Miss Burney（伯尼女士）的 *Evelina*（《伊芙琳娜》）。共三册。听西洋人讲述在马车上看日本。入浴。家里寄

---

① 格拉斯哥大学受日本留学生招生委员会委托，通过日本领事馆诸井六郎，约请漱石出试题，由此获取 4 英镑 4 先令报酬。这是他留学伦敦期间唯一的收入。当年 1 英镑约合 10 日元。漱石每月学费 150 日元。

② 译者注：剧院。

③ Henry Fardel，当时日本第五高等学校外籍教师。

④ 夏目直矩（1859—1931），漱石三兄和三郎。

来小包裹。给 Milde（米尔德）和山田氏写信。

四月三日（三） Glasgow University，appoint 我为 examiner。竟如此公然通知。

四月四日（四） 下宿夫妇 Easter Holiday（复活节假期）回乡下度假。妹妹一人留守。此人不爱娱乐，贫困刻苦，日日操劳。我问她，这样的生活愉快吗？她回答很幸福。我又问，为什么呢？她说相信宗教。真是个老好人。

田中氏妻子给田中写信来。据田中氏对我讲述道，信中言及田中氏旧时恩师往访田中家，同留守旧宅的田中父亲对谈。问儿子在国外逗留几年，父亲回答说两三年。恩师说，好不容易去一趟，怎么说也得待上五六年为好。这话被妻子暗暗听到了，深感伤心。故写信来告诉丈夫。妇人之情，旧时恩师之风，跃如也，如小说。

四月五日（五） 今日是 Good Friday[①]，全市休息。整天在宿舍，阅读 *Kidnapped*（《诱拐》）。五时半去 Brixton，回来。往来均穿着礼服，甚得意。我的西服稍稍变了颜色。外套不是临时做的，颜色有些变黄，背长短小，按说也得意不起来。

回到宿舍，照例饮茶。今日只有我一个，没有任何其他人。所以多吃了一片面包。这真有点儿厚脸皮了。

---

① 复活节前的礼拜五，耶稣受难日。

四月六日（六） 今日无事。假日没有妻孥在，九时半 gong（锣）渐鸣。下楼吃早饭。田中氏将用两日去旅行。白天只有我和斯帕罗小姐二人。然后去 Elephant & Castle 淘旧书。因为没钱，一本也未买，空手而归。饮茶时，斯帕罗询问日本婚丧礼仪等各种习俗，我一一回答。今天在 Camberwell（坎伯韦尔）散步，两女子当我是 least poor Chinese[①]。

四月七日（日） 换白衬衫和衬领。

Denmark Hill 经 Peckham 的 Green，归途访 South L. Art Gallery（南伦敦艺术画廊）。

观看 Ruskin Rossetti（罗斯金·罗塞蒂）的遗墨，颇有趣。

四月八日（一） 自 Kennington（肯宁顿）至 Clapham Common，回返。

Mrs. Edghill 来信。十七日陪饮茶。

四月九日（二） 今朝，得田中氏所赠 Shakespeare 的 Bust（胸像）和 Stratford-on-Avon（埃文河畔斯特拉特福）的 Album（相册）。访 Craig 氏。回。接山川明信片。突然遇 Rev. P. Nott P. 诺特教士来访。为明日午后四时于 Walker 氏处请饮茶事。晚九时给 Mrs. Edghill 回信，答应前往。接着，给正冈写长信。

---

① “穷苦的中国人”之意。

四月十日（三） 午后三时，到 St. James Place（圣詹姆斯广场）访 Walker 氏，与 Mrs. Walker，Mr. and Mrs. Nott 一起饮茶，闲聊。归来。接正金银行电汇。开封卡塞尔出版社的 *Century Ed. of H. of England*（世纪版英国史）（卡塞尔世纪版·英国）。

四月十二日（五） 往 Elephant & Castle，购买一册 *Cowper*（《威廉·考伯》），1789 年版。

四月十三日（六） 雨。再往 Elephant & Castle，购买 *Smith Bible Dictionary*（《史密斯圣经字典》）及其他。其中有 1679 年的 Spenser（斯宾塞）的 works（作品）。凡三十三日元。这天，田中氏迁居 Kensington。

四月十四日（日） 街上散步、公园游览，人们即使遇到衣着污秽之人，亦不出恶声，令人感动。

四月十五日（一） To give the lie（撒谎）是非常不礼貌的。是对人的极大侮辱。（参照 G.Meredith 的 *Rhoda Fleming* 以及 *Catriona*）[①] Gentleman（绅士）的信用正在于兹。本人如何？你的年龄被人问起，有时照实作答也会惹人生疑，认为是在说谎。问的人不以为是失敬，回答的人大体都说谎。信义到哪里去了？不过，西洋人也撒谎，一味讨好地撒谎。

---

① 参照英国作家梅瑞迪思的两部作品《罗达·弗莱明》和《卡特里奥娜》。

西洋的etiquette（礼仪）实在太繁杂了；而日本正相反，简直没有礼仪。苦守于防止为所欲为。然而，还是难免artificiality（矫揉造作）。日本没有礼仪，而有矫揉造作，有伴随不知礼仪的vulgarity（庸俗）。不讲礼仪，只有spontaneity（率性行为）。不仅无利有害，而且兼有“礼害”。既傻又蠢。

四月十六日（二） 访Craig，付一英镑。该氏曰，英国人只讲钱，很难办。他自己只是做点儿lecture，也还是得要钱。早晨，去银行换钱。于Bumpus（彭勃思）购书，花六十日元。

Craig氏说，Tennyson（丁尼生）是artist（艺术家），是大诗人。但也有缺点。他的哲学诗作不深刻；他对于Nature（自然）的观念，比起Wordsworth（华兹华斯）更具scientific（科学性）。不过失之纤细。Wordsworth的杰作，本来就在T.之上。

四月十七日（三） 再度应Edghill之邀，于午后三时同访W. Dulwich（西达利奇）。Miss Nott在座。听Mrs. Edghill讲授耶稣教义。出于无奈，只得谈了自己的想法。Mrs. Edghill问，你不打算pray（祈祷）吗？我回答：我没觉得我应该pray。Mrs. E说，不懂得这种great comfort（极大的安慰）太不应该了。那就拜托您了，我回答。E. 对我说，那我们就一言为定。您既然如此深切地为我着想，那就这么办吧。我这么一说，她就叫我阅读Bible的*Gospel*[①]。太麻烦您了，那我就读吧。回去时，她再度叮嘱我，别忘

① 记录耶稣生涯和说教的《马太福音四书》。

了约定。我回答她，绝不会忘记。从此我就读 *Gospel* 了。

四月十八日（四）《杜鹃》来了。二月二十八日发行。

昨日，给日本银行和文部省寄去收据。

四月十九日（五） 立花由 Port Said 寄来明信片。接 Watanabe（渡边）和望月二氏感谢信。Swiss Cottage（瑞士小屋）的 lady 回信，谈宿舍问题。再次写信告诉她不去了。给德国的池田氏发信。

四月二十日（六） 今天的午饭有：鱼、肉、米、芋头、布丁、pine-apple（菠萝）、核桃、橘子。七时，饮茶。姊妹均外出。为新家购置窗帷量尺寸等事。

天气晌晴。难得。有风。

四月二十一日（日） 依旧晌晴。有风。

四月二十二日（一） 没有一个人。入 basement（地下室），见 kitchen（厨房）、scullery（洗涤室）、larder（食物贮藏室）和 gas stove（煤气炉）。早餐时，老板娘告诉我："哎呀，俄国那么大，军队却打不过日本。""俄国舰队，不光在东洋，总体上也很弱。"一无所知却信口开河。我驳斥她等稍微查查书再下结论吧。夫人这才没话说了。

快晴。热。底下梨花盛开。

四月二十三日（二） 天气快晴。愉快。着夏装。戴草帽的人很多。也有 lady 身着 blouse（衬衫）。访 Craig 氏。他评论 Tennyson 的 *In Memoriam*（《悼念》）说："Taste（品位）是天福。你得此，可喜可贺。"归去。田中氏寄来报纸。给池田氏写回信。明晨三时因行李送往新住宅，将十分混乱。用一件衬衫包裹书物。Miss 凯特哭声连连，她说受到了 a fright（一场惊吓）。经办人来过了。家里夫人畏之如蛇蝎。饮茶时，夫人说。假如连内人的嫁妆都给控制了，夫妻实在不能在一起了。好可怜。我只得帮着收拾。仨人找经办人谈判。十一时回来。老板说，没想到这么容易。看到 Oxford（牛津）那边贵女的样子，回到家里，contrast（对照）十分明显。早点儿黑天吧，妹妹说。天黑后好搬运财产。

四月二十四日（三） 早晨，散步归来。贝恩[1] 在饶舌。贝恩饶舌时家人都不在。一刻钟站在那儿滔滔不绝，究竟说了些什么，我完全没听懂。昨天经办人来，不得已说了谎，后来什么也不知道。虽说不懂，看她颇有趣，感到好笑。于是，她以为我很爱听她说话，越来越说个没完。房子里空荡荡的，自己的东西也送走了。家里人都去整理新宅子了。剩下我和贝恩。感到有些寂寞。这么说，如果家里人都是骗子不再回来，那我们都太傻了。八时左右，贝恩又来到三楼，说经办人来了。接着她又开始饶舌了，说些什么，照例一句没听懂。十时光景，女佣又来了，经办人今天来了三遍。如此及早搬家，街坊邻里都觉得非常奇怪。不被理解是自然的事。家里人

① 布莱德家中的女佣。外号贝吉帕冬。漱石听不懂她的 Cockney（伦敦下町方言）。

还没回来。不管怎么说，心里老觉得不踏实。

四月二十五日（四） 午后转移到 Tooting[①]。是一座名不副实的可厌的房子。不打算久住。

四月二十六日（五） 早晨在 Tooting Station（图厅站）附近散步。这地方颇为龌龊。

四月二十七日（六） 去 Balham。又想搬家。总之，等池田君来再说。

四月二十八日（日） 去 Tooting Station。远山[②]、滕代来信。

四月二十九日（一） 铃木夫妇来信。给远山、法德尔以及金泽的藤井发信。

四月三十日（二） 访 Craig。归宅。家人不在。自 Tooting Bec Common（图厅贝克公园）至 Mitcham（米切姆），返回。

发给铃木信。

五月一日（三） 自 Common（公园）至 Streatham（斯特里

---

① 图厅，第四处新居。同先前房东布莱德家一同转移。位于漱石都心旧居更南的边鄙地区。
② 远山参良（？—1932），日本第五高等学校英语教授。

汉姆)。

五月二日（四） 再去 Tooting Station。Glasgow（格拉斯哥）的 Hill & Hoggan（希尔和霍根）寄来支票。给诸井氏发信。中根的母亲和妻子来信，寄来笔子① 照片。

五月三日（五） 往 Streatham。给 Glasgow 发去收据。诸井氏回信，知神田② 氏在英。托房东兑换支票。池田氏的房间收拾好了。

五月四日（六） 等池田氏。未来。去 Balham。归途欲乘铁道马车。人夫拉住我，要我等下完人再上车。实在感动。

买两朵玫瑰六便士，三朵百合九便士。好贵啊。

五月五日（日） 晨，池田氏来。午后散步。神田、诸井、菊池三氏来访。

五月六日（一） 和池田菊苗氏一同去 Royal Institute③。

同池田氏闲聊至夜半十二时。

五月七日（二） 访 Craig。池田氏惠赠照片。

日本银行来信索要收据。

---

① 夏目笔子（1899—1989），漱石长女。
② 神田乃武（1857—1923），英语教育家，日本贵族院议员。
③ 英国皇家研究所，池田在这里做研究工作。

分别给远山寄去目录，给铃木发明信片，给日本银行寄收据。

文部省寄来两封信。《杜鹃》到。

五月八日（三） 给文部省寺田会计科长发信。给妻和虚子信。写信谢绝野游会邀请。

五月九日（四） 去 Tooting Common。读书。夜，和池田氏谈英国文学。该氏乃读书颇多之人。

五月十日（五） 去 Mitcham Common。见 furze① 三三两两点缀于广大草原之上。Cattle and horses 在自由吃草。②

五月十二日（日） 往 Streatham 访神田先生。先生大谈结婚的事。Love or duty（爱或责任）。

见田里有 cows（牛），pigs（猪），fowls（家禽）。是个颇为愉快的家庭。招待吃午饭。

五月十四日（二） 访 Craig 氏。购明信片，花三便士。接田中书翰。同池田氏闲聊。

五月十五日（三） 和池田氏谈世界观、禅学等。听他讲哲学的事。

---

① 金雀花。
② 地面上点缀着许多黄色的金雀花。牛马在吃草。

五月十六日（四） 进小便所。女房东说，男人动不动就说女人的不是，其实女人是颇为 useful（有用）的人。男人这么说是不合礼仪的。

夜里，同池田氏谈教育上的问题，谈中国文学。

五月十七日（五） 晚上，洋服店来人。留下样品而回。

五月二十日（一） 夜，和池田闲聊。对理想美人作了 description。两人都作了颇为详细的说明。同各人现在的妻子相比，相差太远。遂大笑不止。

五月二十一日（二） 晨，洋服店样品来。访 Criag 氏。付一英镑，包括下一回。

昨夜频频捻须谈论。以至右侧须根疼痛而生出疖子。

五月二十二日（三） 晚，和池田氏去 Common。这里那里，一对对男女或坐于 bench（长椅），或坐于草地，相互拥抱 kiss（接吻）。奇妙的国风！

五月二十三日（四） 再去 Common。接妻信两封。文部省来信一封。

铃木寄两部《太阳》来。接樱井氏信，谈招聘西洋人事。

五月二十五日（六） 去 Lambeth Cemetery（兰贝斯公墓）。

那里是广阔的墓场。然周围颇偏僻。

五月二十六日（日） 再去 Lambeth Cemetery。

五月二十七日（一） 好不热闹。我所居住处位于 Epsom（爱普森）街道，这里众多男女赶着马车，吹着喇叭奔跑。附近贫民亦充溢于途。

五月二十八日（二） 和房东一起去 Battersea（巴特西），参观 The Dog House（狗之家）。是 Mr. Jack[①] 搜索得来。获得焚烧的狗骨二片。然后再去 Battersea。

发铃木明信片。

五月二十九日（三） 访 Craig 氏。接远山和妻来信。

给 Hales（Prof.[②]）。亦给妻发信。

五月三十日（四） Hales 来信。两封是写给我的信。写给凯希的属于误投。立即重新封好投出。

六月一日（六） 去 Balham 置办各种东西。花费两英镑。

六月三日（一） 去 Elephant & Castle。购 Hazlitt[③] 的

① 下宿的养犬者杰克，他为之寻找猫狗收容所。
② 伦敦大学哈尔斯教授，漱石受托推荐他到日本第五高等学校担任外籍教师。
③ 译者注：威廉·黑兹利特（William Hazlitt，1778—1830），英国随笔作家。

Handbook，及其他古书，仅花费 2 个 guinea[①]（几尼）。

Prof. Hales 来信。说已定为候选者。

买香烟两盒 4/6。

六月四日（二） 访 Craig 氏。去 George Winter（乔治·温特）处买古书。九日元。

Prof. Hales 来信要求寄去有关“五高”的材料。

六月五日（三） 今日是 Derby Day（德比战），我家附近异常热闹。夕暮景色，他们吹着喇叭，乘着马车归来。颇为杂沓。

六月六日（四） 接 Prof. Hales 信，要我下午三时二十分到 King's College 去一趟。想就约见预选者一事商谈一下。

去 King's College。三十分抵达，比约定稍晚。Prof. 已在。

六月七日（五） Prof. Hales 来信，要我明日约见预选者 Sweet[②] 氏。

六月八日（六） 午后三时去 King's College（国王学院）会见 Sweet（斯威特）氏。因 College 关门而去 Park。

六月十日（一） 去 King's College 会见 Prof. Hales。

---

① 译者注：英国旧币。每一“guinea”约合 1 镑 1 先令。

② 经漱石推荐，其后与“五高”订约担任三年讲师。

六月十一日（二） 访 Craig 氏。经 Hyde Park，St. James 回来。Miss. Nott 来信，领事馆也来信。付洋服店一百日元。

六月十二日（三） Sweet 寄来 application（申请书）和 testimonial（证明书）。给 Sweet 回信，她叫寄回 testimonial。给樱井写信。

给 Nott 和诸井写信。

六月十三日（四） 铃木寄来明信片、《太阳》。文部省寄来留学生表及规定。学资来了。

六月十四日（五） Sweet 来函。回信。给樱井氏信。

六月十五日（六） Sweet 回函致意，希望订三年合同。

当天，池田室内壁炉生火。

六月十八日（二） 访 Craig，付 £[①] 1。去 Hippodrome。

田中氏来信。Wright 赖特来函。告有日本轻业冈部一座剧团来演。

六月十九日（三） 渡边氏来函。给 Sweet、Wright、渡边、田中四人发信。也给藤代发了信。

---

① 译者注：英镑符号。

文部省来函。嘱以应作一份《学术研究旅行报告》。

六月二十一日（五） Sweet 氏来信。明日在 King's College 会面。

六月二十二日（六） 十时半，在 King's College 会见 Sweet。午后一时，访田中氏。想看川上戏剧[①]，他不愿去。接着去田中氏下宿。去看 Earls Court（伯爵宫）exhibition（展览）。

六月二十四日（一） 渡边氏来。土井晚翠[②] 抵下宿。

六月二十五日（二） 访 Craig 氏。

六月二十六日（三） 池田氏去 Kensington。

六月二十七日（四） 池田氏寄来序言。

六月二十八日（五） 向布莱特夫人提出想换房子。

七月一日（一） 近来非常不愉快。为一件无聊事烦恼。怀疑为神经病。然而，另一方有些地方太无耻。奇怪。

洒洒落落、光风霁月颇为难得。不行，不行。

---

① 川上音二郎（1864—1911）领导的“一座”剧团。
② 土井晚翠（1871—1952），日本诗人，英国文学专家。当时自费旅欧抵英。

给铃木发去 Studio（画室）Special number（特刊）的明信片。

七月二日（二） 访 Craig 氏。

七月六日（六） 井原氏至。

七月八日（一） 铃木夫妇寄来明信片。

七月九日（二） 访 Craig 氏。

去 Barker & Co[1] 广告公司（Castle Court，Cornhill）（城堡庭院旅馆，康希尔），托他们代租下宿。

于 Holborn 购 Swinburne（斯温伯恩）及 Morris（莫里斯）。

七月十一日（四） 给铃木寄去 *Academy Architecture*《学院建筑》及一本建筑杂志。

七月十二日（五） 池田氏寄来明信片。

给池田氏回信。

应募下宿入居者，来信无数。

大冢寄来明信片。《心灵之花》[2] 到达。

土井来信。

铃木寄来《太阳》。

---

① 巴克公司，广告代理店，请求在广告上代租“仅限于具有文学意味的英格兰人家庭”。
② 佐佐木信纲主办的民间杂志，明治三十一年（1898）二月创刊。

七月十三日（六） 池田氏回信。

给 Miss Leale[①] 和池田氏发信。

七月十五日（一） 终日寻找下宿，到处奔走。自北边 Leighton Crescent（雷顿新月公寓），到西边 Brondesbury（布龙德斯布里公寓），跑断了腿，中饭都顾不上吃，也没有找到一处满意的地方。扫兴。回到家累坏了，睡不着觉。

七月十六日（二） 到 Clapham Common 的 The Chase，同 Miss Leale 见面。决定搬往她那里。随后去皮包店，购买两只皮包、一只帽箱，花钱 £4.4。

七月十七日（三） 给 Miss Leale 写信。也给 Mrs. Brunton（布伦顿夫人）发信。

七月十八日（四） Miss Leale 回信。山川寄明信片来。给池田氏寄的《日日新闻》已到。

七月十九日（五） 忙于整理，汗流满面。订购箱子未到。七时方来。给 Miss Leale 发电报。给公使馆写信。

告知藤代、井原、田中三氏，已迁新址。

七月二十日（六） 午前搬往 Miss Leale 家。一场大骚动。四

---

① 利尔小姐，第五次最后下宿。广告上物色的女房东。

时许，书籍和大皮包到达。皮包太大，进不了门，只好在门口先把书拿出来，再提上三楼。非常费劲。天气燠热，汗出一斗。室内杂乱，不能容膝。

七月二十一日（日） 酷热非常。午后池田来。吃晚餐，十一时回。

七月二十二日（一） 大坂的铃木、熊本的奥太[①]、金泽的西田[②]、京都的紫川、London 的田中氏来信。田中并寄来《时事新报》。

七月二十三日（二） 访 Craig 氏。

七月二十四日（三） Cassell 的 *Illustrated History*（《卡塞尔英国史插图本》）26 及 *Wild Bird*（《野鸟》）10 到达。

七月二十五日（四） 雷暴雨。

七月二十六日（五） 饮茶时分，二位客人光临。婆婆的侄子。少爷。夫妇。

询问游船公司。晚上已回话。

今日也下雨。

---

① 奥太一郎，当时日本第五高等学校教授。

② 西田几多郎（1870—1945），哲学家。日本第四高等学校教授。

七月二十七日（六） 今日还在下雨。德国的藤代、芳贺寄来明信片。

给土井晚翠发信。

七月二十八日（日） 去 East Hill（东山）。夜访老大佐。他说，日本应该成为了不起的国家。表扬日本青年有礼仪。

七月二十九日（一）《杜鹃》《春夏秋冬》的春季号到达。山川来信。

七月三十日（二） 访 Craig 氏。归途，访池田。未遇。

Cassell 的 *Illustrated History* 27 到。

八月一日（四） 接池田氏信。本国的铃木由日本银行汇来三英镑。不知为何事。

八月二日（五） 给池田、Sweet、铃木、芳贺写信。发日本银行收据。

文部省来信。铃木时子[①] 来信。

八月三日（六） 早晨，自 Battersea 至 South Kensington（南肯辛顿）访池田。在他家吃午饭。午后去 Cheyne Road 24（夏纳

---

① 漱石夫人之妹、铃木祯次妻。

路 24 号）探访 Carlyle[①] 故居。颇为粗陋。

前往 Cheyne Walk（夏纳步道），瞻仰 Eliot[②] 故居和 D. G. Rossetti[③] 故居。前院 Garden（花园）内喷水上雕有 D. G. R。

八月六日（二） 访 Craig 氏。他评论自己的诗似 Blake[④]。但又说是 incoherent（语无伦次）。

八月七日（三） 土井氏寄来明信片。*Cassll's Illustrated 28.*

八月八日（四） *Cassll* 的 *Wild Birds*。

山川来信，俣野[⑤] 贺年片到达。

八月九日（五）《日本新闻》[⑥] 到。铃木寄来《读卖新闻》。

村上寄来明信片。

八月十日（六） 樱井氏来电报。E.Fardel（E. 法德尔）来信。

---

① 托马斯·卡莱尔（Thomas Carlyle，1795—1881），苏格兰哲学家，评论家、讽刺作家、历史学家。他被看作是那个时代最重要的社会评论员，在维多利亚时代一生发表众多演讲，广被赞誉。其作品有《衣服哲学》《英雄与英雄崇拜》等。故居位于伦敦郊外，保存完好。漱石 1905 年发表《卡莱尔博物馆》一文记其实。

② 乔治·艾略特（George Eliot，1819—1880），英国女流作家。原名玛丽·安·伊万斯（Mary Ann Evans），十九世纪英语文学最有影响力的小说家之一。与萨克雷、狄更斯、勃朗特姐妹齐名。

③ 但丁·加百利·罗塞蒂（Dante Gabriel Rossetti，1828—1882）出身于英国维多利亚时期意大利裔的罗塞蒂家族，是十九世纪英国拉斐尔前派重要代表画家。故居前庭喷水池内有其半身像。

④ 译者注：詹姆斯·布雷克（James Blake），英国歌手，主要作品有 *Retrograde* 等。

⑤ 俣野义郎，漱石五高时代门下生，《我是猫》中多多良三平的模特儿。

⑥ 明治二十二年（1889）二月创刊，大正三年（1914）十二月终刊。正冈子规以此为舞台，大力促进俳句与短歌之革新。

给Sweet和Fardel氏发信。

八月十一日（日） 访E．Fardel。在Battersea P.门前听无神论者的演说。

八月十二日（一） Sweet、土井二氏来信。

Sweet晚上来信，想于九月十三日出发。

八月十三日（二） 访Craig氏。付半英镑。井原氏来。夜十二时半左右回返。

八月十四日（三） 大幸[①] 氏来信。

八月十五日（四） 土井氏来电报。

为迎接土井，前往Victoria Station（维多利亚站）。

故乡妻子、妻之父、梅子[②] 来信。妻寄来冬装二件，手帕两枚，梅子寄来手帕两枚。

八月十七日（六） 田中氏来。去Hyde Park，参观Protestants（新教徒）反抗Catholic（天主教徒）的demonstration（游行示威）。听四五个人的演说。

---

① 大幸勇吉（1866—1950），物理学家，后任京都大学教授。
② 漱石妻妹。

八月二十日（二） 访 Craig 氏。付一英镑（三回）。

在 Charing Cross Road 买旧书和新版书。五十六七日元。

八月二十一日（三）《日本新闻》《太阳》到。

八月二十二日（四） Sweet 氏来信。回信。

菊池仙湖[①] 寄明信片来。

夜，婆婆的姐姐夫婿来，一起饮茶吃晚餐。

八月二十四日（六） 前往 Bedford Row（贝德福德街）会见 Sweet。

八月二十五日（日） 前往 Chelsea（切尔西）会见 Fardel。

八月二十七日（二） 访 Craig 氏。

八月二十九日（四） 夜，池田来。

八月三十日（五） 前往 Albert Dock 为 Sweet、池田、吴[②] 三氏送行。

九月二日（一） 在 Elephant & Castle 购旧书。夜，法国少年

---

① 菊池谦二郎，漱石友人。

② 吴秀三（1865—1932），精神病学家。日本精神医学功臣。

莫里斯，因被其兄丢下而哭泣，和他一起玩纸牌。

九月三日（二） 村上氏来。

九月七日（六） 带莫里斯去 Hyde Park 散步。一直走到 Natural History Museum（自然历史博物馆）。

九月十二日（四） 寺田寅彦①、野野口胜太郎② 来信。

九月十三日（五） 会见 Dr. Furnivall③。一位健康的老爷子。

九月十四日（六） 午后前去 Wimbledon Common（温布尔登公地）。七时半归宅。顺便一过桑原④ 氏宅。

樱井氏来信。

九月二十一日（六） 给洋服店付钱。Glasgow University 来信索要考试卷子。

带 Morris 散步。

九月二十三日（一） 给 Glasgow 信。给妻信。

---

① 寺田寅彦（1878—1935），物理学家、随笔家。漱口石五高时代门生。

② 野野口胜太郎，熊本人，号湖海。其时求漱石代为寻文笔之职。

③ 弗尼瓦尔博士。1910 年 10 月 5 日，漱石于伦敦周刊杂志 *Athenaeum*（《图书管员》7 月 9 日）发现有关该博士故去的消息。

④ 疑为桑原金之助。

往 King's College。在 Denny（丹尼）处购买 *Ethics*（《伦理学》）及 *Origin of Art*（《艺术的起源》）。

九月二十五日（三） 文部省学资到。大坂铃木来信。妻和伦[1]来信。铃木寄来《太阳》《读卖新闻》，以及利喜子[2]的照片。

十月七日（一） 致 Craig 氏信。

十月八日（二） Cassell's Illustrated，Hundred Pictures 到了。

十月十三日（日） 和土井氏一起前往 Kensington Museum（肯辛顿博物馆）。

十月十四日（一） 在 West Hampstead（西汉普斯特）会见长尾氏。

十月十五日（二） Cassell's *Wild Bird* and *Illustrated Eng. Hist*.

访 Craig 氏。未遇。去还书。

十月十六日（三） 铃木寄来《太阳》。开始读 *Bosanquet*。[3]

---

① 中根，漱石妻弟。
② 漱石堂弟铃木祯次之女。
③ 伯纳德·鲍桑葵（Bernard Bosanquet，1848—1923），英国哲学家及作家、美学家。代表作有 *A Study on the General Will Theory of Bernard*（《博桑基特的公意理论研究》）。

到 Studio（工作室）。

十月二十一日（一） Hundred Pictures 到。

十月二十二日（二） *Living London*《住在伦敦》及 *Cassell's Illustrated Eng. History* 到。

十一月三日（日） 有发句（俳句）集会。

十一月四日（一） 去买书。

十一月十三日（四） 学资来。给文部、中央金库寄去收据。

《后来的事》日记

明治四十二年五月三十一至八月十四日

明治四十二年（1909）

五月三十一日（一） 晴。开始写作小说《后来的事》。

六月一日(二) 晴。奥田悌[1] 来。二宫行雄[2] 来。小说只写了一章左右。久内清孝送西洋泡菜来。

(来信) 久内清孝

六月二日（三） 晴。午后一时，前往染井墓地，参加长谷川二叶亭[3] 葬仪。

开场式在国技馆举行。

---

① 作者少年时代诗友。渡华，相隔二十六年后再会。《门》安井的原型（宫井一郎）。

② 帝国剧场主任编剧。东大英文科毕业。

③ 二叶亭四迷（1864—1909），日本小说家，翻译家。本名长谷川辰之助。任《朝日新闻》驻俄国首都特派员。后因染病归国，1909 年 5 月 10 日病逝于孟加拉湾船上。

夜，写《回忆二叶亭》，寄送西本波太。葬礼期间，池边[①]不住催促我写点什么，跟鲁庵[②]商量，他说，哪怕很短也可以，所以我就写了。

六月三日（四） 阴。有叫立石驹吉的人，来谈想做小说家。立即牙疼起来。去看牙医。[③]回来路上理发。

前田夕暮[④]来。

六月四日（五） 晴。看牙医。参观太平洋画会[⑤]。见满谷国四郎[⑥]。新海竹太郎[⑦]、大冢保治两人来。

（来信）野间真纲[⑧]、林久男[⑨]、寺田寅彦（寄自瑞士）。

六月五日（六） 晴。看牙医。困而午睡。心情甚好。夜间写小说两章。构思趋向稍显不尽合适。

夜半有人强撕名牌，砸毁牛奶箱，投石怒号而去。家人皆酣眠不知。早晨闻之于酒井[⑩]君，名牌被扔到酒井君院内。

---

① 池边三山（1865—1912），东京《朝日新闻》主笔。
② 内田鲁庵（1868—1929），日本文艺评论家，作家，翻译家。别号不知庵。与坪内逍遥合编《追悼文集》。
③ 看牙医事写入《门》第五章。
④ 前田夕暮（1883—1951），日本歌人，著有歌集《收获》。
⑤ 明治三十四年（1901）11月成立，翌年举办首届画展。
⑥ 满谷国四郎（1874—1936），西洋画家。有画作《车夫一家》等。
⑦ 新海竹太郎（1868—1927），号古竹。为漱石制作石膏遗像。
⑧ 野间真纲（1878—1945），英国文学家，漱石门生。日本第七高等学校造士馆教授。师生通过俳句结成深交。
⑨ 林久男（1882—1934），德国文学家，日本第七高等学校造士馆德语教授。
⑩ 住在同一敷地（也有个弹风琴的女儿），或许是《门》中房东坂井的原型。

六月六日（日） 雨。看牙医。剔除神经。到寺町散步，归来。笔子、荣子[①] 去看神话剧。森田草平[②] 来借钱。酒井君的女儿，弄坏了风琴。

（来信）鹿儿岛市春日町三九，浜崎方皆川正禧[③]。

六月八日（二） 晴。晨，去看牙医。细君因神经疼，眠而未起。午后，丰隆[④] 来。傍晚，东洋城[⑤] 来。松树盆栽有蚂蚁结巢。常陆山[⑥] 负于太刀山[⑦]。

六月九日（三） 雨。新[⑧] 来。练习《花筐》。盆栽松树注油，灭蚁穴。

（来信）铃木三重吉[⑨]　野上臼川[⑩]

六月十日（四） 阴晴不定。风。夜，安倍[⑪]、野上来唱谣曲。

（来信）内田鲁庵。

---

① 荣子，漱石三女，生于 1903 年 11 月 3 日。
② 森田草平（1881—1949），小说家，翻译家。漱石门生。本名米松。著有《夏目漱石》《续夏目漱石》等。
③ 皆川正禧，英文学家，又名真拆。当时是第七高等学校造士馆教授。
④ 小宫丰隆（1884—1966），德国文学家，评论家。漱石门生中心人物。东大入学时，漱石为其作保。著有《夏目漱石》《漱石的艺术》等。
⑤ 松根东洋城（1878—1964），俳人。漱石门生。本名丰次郎。宫内省式部官、书记官。
⑥ 常陆山（1874—1922），大相扑第十九代横纲。
⑦ 太刀山（1877—1942），大相扑第十八代横纲。
⑧ 宝生新。胁宝生流能乐师。漱石谣曲教师。此时学习谣曲《花筐》。
⑨ 铃木三重吉（1882—1936），小说家，童话作家。漱石门生。主办杂志《红鸟》。
⑩ 野上臼川（1883—1950），英国文学家，能乐研究家。漱石门生。本名丰一郎。野上弥生子之夫。
⑪ 安倍能成（1883—1966），哲学家，评论家。后为文部省大臣，学习院院长。

六月十一日（五） 阴。而后雨。同虚子一起看歌舞伎。《太功记》《被斩与三郎》《白鹭姑娘》。

（来信）鸟文次郎 朝日社会部 香川县人。

六月十二日（六） 晴。观看歌舞伎座，给虚子写信。午前就这样过去了。下午磨磨蹭蹭，休息。晚饭后，畔柳芥舟[①] 来。听他谈论高中学校内部的不满。十时归来。送我樱桃。此乃历年习惯。来取《三四郎》第三版的底页。

（来信）朝日社会部

六月十三日（日） 阴。来客。青木昌吉、野村传四[②]、儿岛献吉郎。传四送竹椅。

草平在《国民》著文评论《三四郎》。丰隆来，满腹牢骚。由于草平态度不好，他想在《国民》报上进行反驳。不管怎么，可以试试看。

如果对草平的评论细加分析，最后将导致他土崩瓦解。

东北火车逆行，货车相撞，重叠。重轻伤十四人。

（来信）朝日社会部　高浜清

六月十四日（一） 阴。烈风。晨，与虚子同去国技馆。九时至六时。各种各样的相扑，各色各类的对阵。然而，花相扑中年轻的

① 畔柳芥舟（1871—1923），英国文学家，评论家。本名都太郎。当时任第一高等学校教授。山形县人。每年给漱石送樱桃。
② 野村传四（1880—1948），东大英文科学生。后任奈良县立五条中学校长。

力士相互扭打的场面一次也未见到。

相扑筋肉的光泽，因一块块“劲疙瘩”受光线映照发生变化而灼灼耀眼，看上去甚是一层美好的铺衬。中村不折[①] 到底发不出这样的色泽。所以都说他不行。

六时半去九段观看能乐，金刚谨之助[②] 的《邯郸》。十时半回。实在玩累了。

外出中，藤代祯辅来，森卷吉[③] 来。

六月十五日（二） 阴。疲劳。一觉睡到上午十时。午后又睡。三时入浴。散步。晚饭。

昨日将森送的铃兰浸泡在大碗里，置于紫檀木桌上。在其旁午睡。有异香。

六月十六日（三） 阴。本间久[④] 写信来，他说他将带来一位与鞑靼人伊斯兰教管长共事的天下志士。此人爱看我的著述。因是个奇人，建议我当作写作的材料。

（来信）本间久 寺田寅彦

六月十七日（四） 阴。时有雨。细君在松屋买来一件夏雨织大褂。花格子。打从学校辞职后，简直就是一身标准的商人打扮。到

---

① 中村不折（1866—1943），洋画家、书道家。曾为《我是猫》上编、《漾虚集》插画。

② 九段能乐堂的主角演员金刚谨之助、配角东条照映的《邯郸》。当时四时半开始演出，配角为宝生新的《江口》，但漱石只看了后半场演出。

③ 漱石门生。英文学家。后为“一高”校长。

④ 漱石门生，漱石为其著述《枯木》作序（《对话》）。

早稻田买墨水，请涛荫[①] 指点风叶[②] 曾经迷恋的地方。

夜，草平、东洋城、丰隆来。查找〇〇〇东宫御所的账目。皇太子和太子妃殿下二人金枪鱼生鱼片菜钱（限于晚餐）五日元。一天膳食三十日元。天子陛下膳食一日百元以上。然而，事实上，双方一文钱也没花。后来如何处理，则不得而知。

伊藤及其他元老依此为由，极力向宫内省要钱。十万日元，五万日元。花完了再要。不断要弄别人。

（来信）本间久

六月十八日（五） 晴。碧岩会来信联络，关于宗演和尚[③]《碧岩》提倡[④] 一事。地点在内幸町三井集会[⑤]。多半为森大狂[⑥] 所发送。发起人为下列诸公：大石正巳、朝吹英二、早川千吉郎、野田卯太郎、大冈育造、德富猪一郎。

目下并不特别想听禅僧说法，但有空去看看也无妨。

百合花香袭人。瓶中开两朵。

中村翁[⑦]，于平壤访小城[⑧]。小城好搜集古董。小城之于古董，一如岩崎[⑨] 之于武士道。

（来信）中村翁（平壤）碧岩会

---

① 西村涛荫，本名诚三郎。帮助校对《三四郎》等。
② 小栗风叶（1875—1926），作家。作品有《恋慕久长》《青春》等。
③ 释宗演（1859—1919），禅僧。镰仓圆觉寺派管长。1894 年 12 月下旬至翌年 1 月，漱石于圆觉寺的塔头归源院宗演座下参禅。漱石葬仪之导师。
④ “提倡”，指佛书《碧岩录》说法（阐释，讲解）。
⑤ 译者注：原文如此。
⑥《国民新闻》记者。
⑦ 小说家，号古峡。朝日新闻社职员。
⑧ 小城斋，漱石二松学舍时代同窗。内务省官吏，当时在平壤工作。
⑨ 岩崎弥太郎（1834—1885），三菱财阀创始者。

六月十九日（六） 雨。向《朝日》寄《后来的事》二十回。

（来信）泷田哲太郎[①] 中村六郎（一茶同好会） 安井藤太郎（片冈机[②] 死去）

六月二十日（日） 阴。草平寄来长信。非一日作成。一一列举了自己的许多琐末细事。

夜，高声朗读 Paul Heyse[③] 的《瓦因希塔》，外出散步后，小宫已经来等着，他说老师学习德语不热心[④]。

（来信）森田草平

六月二十一日（一） 雨。终于不得不答应买钢琴了。代价四百日元。妻子提出计划，以《三四郎》初版两千部印税冲抵。我虽然有些不情愿，但嘴里只能说可以。

孩子学弹钢琴究竟有何乐趣，我很不明白。但中岛[⑤] 老师极力怂恿，只得服从。

（来信）沼波琼音[⑥]

六月二十二日（二） 阴。

---

① 泷田樗阴（1882—1925），《中央公论》编辑。

② 译者注：漱石二兄荣之助妻兄。

③ 保罗·海泽（Paul Heyse，1830—1914），德国诗人，小说家。创作大量长短篇小说和戏剧，1910 年获诺贝尔文学奖。主要著作有《人间孩童》《在乐园里》《尼瑞娜》等。

④ 当时漱石向德国文学家小宫丰隆学习德语，一边写作《后来的事》。后来小宫回忆这段往事，对自己的恩师深怀歉意。他说，或许外出散步正是为转换写作的心情，而他却未能体谅到这些。

⑤ 中岛六郎，音乐家。漱石长女笔子的钢琴教师，亦为《朝日文艺栏》尽力。

⑥ 沼波琼音（1877—1927），俳人，国文学家。参禅时与漱石结识。

（来信）佐藤绿郎

六月二十三日（三） 雨，阴。高等师范学生二人来访。未见而劝返。

重新学习《三井寺》[①]。

六月二十四日（四） 雨。猪股勋来。仙台人，希望作送报人。高等师范二学生又至。果然来请作演讲。一人犹如平常来请者，根本听不进我的话，一味地央求；一人只是“我懂，我懂”一个劲儿黏缠。两人同猪股相比，差别甚大。猪股自有品格。生田长江[②] 来。

夜。埃里索夫[③]、东、小宫、安倍能成来。埃里索夫，俄国人。为研究日本语在大学听课。手持《三四郎》，要我写点什么。

十时过，同安倍、小宫唱诵谣曲《清经》。安倍仰仗其教师之口。此人亦自有品格。

六月二十五日（五） 雨。

六月二十六日（六） 阴。

六月二十七日（日） 雨。托西村购买来健身器材。且将其吊在

---

① 译者注：能乐剧排演本，能、狂言对译《三井寺》，竹本干夫著。观赏能乐等入门书。

② 评论家，小说家，翻译家。1912 年出版《论夏目漱石先生》。

③ 谢尔盖·格里格里耶维奇·叶利谢耶夫（Sergei Grigorievich Eliseyev, 1889—1975），俄国日本学者、东方学者。东大日本国文科毕业后任哈佛大学教授，创设东方语言学部。

廊侧的柱子上。伸六[①] 很感兴趣。

《后来的事》载于《朝日》。

六月二十八日（一） 雨。中村翁自“满洲”归来，他去了哈尔滨。俄语不通，一路艰难。有朝鲜团扇见赠。

玩健身器材。四五遍。夜，浑身疼痛。

六月二十九日（二） 阴。

（来信）早稻田大学毕业典礼通知。

六月三十日（三） 晴。入夜，雨。中岛老师来。钢琴到达。在中岛老师指挥下，运进客厅。一场大骚动。中岛老师六时回返。夜，学习德语。小说一章未写。

渡边和太郎来信，约我观看横滨开港五十年纪念典礼。

十时后，早稻田鹤卷町有火事。

（来信）伊东荣三郎、寺田寅彦、大河内（发自德国）、渡边和太郎（约请观看开港五十年招待卷）、涩川柳次郎[②]。

七月一日（四） 阴。宝生新、释义堂[③]、本多直次郎、田中龙胜、饭田政良[④]、今古堂，来访。

（发信）渡边和太郎

① 漱石次子（1908—1975），随笔家。幼时患有发作性痉挛。
② 涩川玄耳，《东京朝日新闻》社会部长，笔名藪野椋十。
③《门》中所写照顾宗助参禅的僧人释宜道。
④ 漱石门生，号清凉。

（来信）本间久

七月二日（五） 阴。三重吉猝然而至。身着高领夏装。大学制服唯有纽扣改变。吃午饭。同小宫论辩着什么。终于三时许回成田。

近日因有妨碍未能写小说。入夜渐写一章。

七月三日（六） 朝六时顷有地震。夜，中国人来。立于格子前，命我开门。我问他是谁，打哪里来，他回说你的事我全知道。八个女儿，三个侍女。三日元。简直是个疯子！我叫他回去，他不回去，磨磨蹭蹭不走。我说要报警，他说他就是钦差，说着走了。真是个奇怪的家伙。

（来信）《国民文学》

七月四日（日） 阴。叫西村找警察。告以昨夜一中国人就先后拥有四女一事询问，未回答而被威吓之事。且在这之前，他来叫我替他寻找下宿，等待期间，他用蝙蝠伞戳阿房[①] 小姐的臀部。言语同断[②]。

昨夜，孩子去看电影，听说影片是芦花的《不如归》[③]。据说恒子哭了。恒子九岁，她为何哭，简直不可思议。

东洋城，昨夜来住下。

船田一雄[④] 带领白石勉[⑤] 来。

① 山田房子，漱石夫人堂妹。暂居夏目家助理家政。
② 佛语，难以用言语表达。
③ 由德富芦花的畅销小说《不如归》改编而成。
④ 爱媛县人，1906 年东大德法学科毕业。
⑤ 爱媛县人，1909 年东大国文科毕业。

（来信）水上齐 福原镣二郎君《爱媛新报》物集房子

七月五日（一） 雨。昨夜梦见中村是公、佐藤友熊[①]。同时做梦再上青楼。

门外有自称茨城人来访。言昨日去乡而来，目的是想做一名书生[②]，说完不动。让西村对付。

好歹劝说一个多小时，遂叹息道“好艰难”，这才冒雨回去了。

（来信）野上臼川 坪谷善四郎[③]

七月六日（二） 阴，近雨。

听说臼川家厨房的地板稍微隆起，揭开来几乎长满竹笋。

角田武夫为《三四郎》绘制两枚绘画明信片，特来请求题词。此人曾为《草枕》《虞美人草》绘制明信片。

（来信）角田武夫

七月七日（三） 雨。大冢保治读《文学评论》，写印象文寄来。遂转给《国民文学》。[④]

将《后来的事》原稿五十章寄给《朝日》。椋十告明晨八时抵达新桥。

（发信）角田武夫

---

① 漱石成立学社时代的旧友。旅顺警视总长。
② 译者注：在大户人家边做家务边学习的青年。
③ 博文馆职员，号水哉。
④ 大冢保治读漱石《文学评论》，写感想文，漱石将稿子寄送《国民新闻》的《国民文学》栏目发表。

（来信）大冢保治 椋十（发自罗马）

七月八日（四） 雨。

天子女儿嫁给北白川殿下，北白川殿下妹妹嫁给保科子爵，保科子爵的姐姐嫁给岩崎男爵。鉴于此，岩崎男爵从而有了一位天子叔父。

七月九日（五） 雨。晨。饭田青凉来。午后，高浜虚子来。唱诵谣曲《三井寺》和《雨月》。晚，德田秋江[①]、真山青果[②]来。小宫、松根。

臼川书翰曰：昨夜梦中，极扼腕切齿。今日唇稍破而疼痛。……昨日，至药研堀购物，顺便去吃了Yoei寿司[③]，在两国桥见到溺死鬼而返。

畔柳芥舟来翰曰：刚刚入手先生之作，感谢至极。如此尊崇“先生，先生”，因为这时候不花钱获得了赠书。

七月十日（六） 雨。皆川正禧自鹿儿岛来。送给我锡制茶托、萨摩瓷茶碗，还有受野间之托转送给我的竹子砚箱。

镰田一起来访。镰田说要去逗子中学。

同皆川一起唱谣曲《樱川》。他说自今年二月起开始学习谣曲。成绩惊人。

---

① 即近松秋江（1876—1944），小说家。当时因写作《文坛无用谈》而知名。
② 真山青果（1878—1948），小说家，戏曲家。著有《南小泉村》而知名。
③ 译者注：TATA海豹寿司店。

七月十一日（日） 阴。懒起。十时吃早饭。森田草平来。辩论。

晚，生田长江来。就翻译《查拉图斯特拉如是说》[①] 一书，讨论不明白的地方。

七月十二日（一） 阴。暑热。

日糖社长酒勾常明[②] 用手枪自杀。将公司出事当作自己责任。引起报界同情。

七月十三日（二） 阴。涩川玄耳来。刚走完“世界一周”归来后的见面。

（来信）高浜虚子（自修善寺）内田荣造[③]

七月十四日（三） 阴。夜，一只蝉飞来书桌之上。乃今年始见蝉也。

午后，重新唱诵《实盛》。有人提醒，余唱谣曲混有不纯之音。

七月十五日（四） 稍晴。始闻檐头微微蝉鸣。夕暮，茅蜩始鸣。过二三日，突然猛暑来临。

夜，东洋城、臼川、丰隆、东，来访。

---

① 尼采的《查拉图斯特拉如是说》。此处作为与书中人物寺尾的对话写入《后来的事》第十一章。

② 大日本制糖股份有限公司因砂糖戻税继续案而行贿国会议员们。重要人物被逮捕。《漱石日记》（1909 年 44 月 16 日）第八有记载。此事被写入《后来的事》第八章。

③ 内田百闲（1889—1971），小说家，随笔家。漱石门生。继《梦十夜》系列，发表《冥途》（1922）以下等作品。

午，中村武罗夫[①] 来。带来早稻田毕业生某氏俳句本子。求挥毫。飘亭、鸣雪、东洋城等已有句。

（来信）内田荣造 高浜虚子（修善寺）山本松之助

七月十六日（五） 晴。暑热愈剧。丰隆、东洋城住下。晨仨人共诵《蝉丸》。午间开始诵《草纸洗》。晚上，独自一人唱《花月》。

小说进展艰难。然而，一想到这是本职工作，感到不论花多少时间都没关系。即便酷热，也应为本职而尽力，所以没有什么不愉快的。《后来的事》五月末起稿，眼下写到六十三四章了。其间曾发生事故而暂时停笔。还有，近来隔日学习一次德语，周四整天都搭上去了，进展缓慢。

七月十七日（六）（来信）广田道太郎 野上臼川 饭田青凉

七月十八日（日） 大暑。晴。女儿们赤裸着在家中跑来跑去。因为太热，光膀子是很自然的。先生为野蛮人所围绕在写小说。

松浦一[②]、金子健二[③] 来。金子听说前天刚从美国回来。金子在伯克利大学被白人学生殴打，获得高度评价，一时闹得沸沸扬扬。仔细一问，原来是孩子们的恶作剧，纯系误传。

（来信）内田荣造

---

① 中村武罗夫（1886—1949），《新潮》编辑，当时以记者名义访问漱石，发表谈话录。

② 松浦一（1881—1966），英国文学家。漱石门生。作品有《文学的本质》等。

③ 金子健二（1880—1962），英语学家。漱石门生。作品有《人间漱石》等。

七月十九日（一） 晴。暑甚。强行军致士兵死伤。高崎和大阪。

（来信）第一银行 水野炼太郎[①] 户川明三[②]

七月二十日（二） 阴。迅速凉爽起来。向厨房引入瓦斯，三个引火口。

午后，狩野、菅来访。夕时，归。

七月二十一日（三） 晴。凉风。午后，去神乐坂看画展。西洋人的绘画和西洋画临摹，有的非常有意思。

（来信）寺田寅彦（柏林）

七月二十二日（四） 宫垣四海来。求为其创作手册题词。写两枚。

西村买来萤火虫，悬于檐端观赏。

（来信）芥川正禧（自乡里）

七月二十三日（五） 森田草平来。野村传四来。传四以今年夏归国为由，前来请假。晚间落雨。

细君体况欠佳。请小林先生来，据说怀孕了。拼命生孩子。生下的孩子虽说不太管，但又不想马马虎虎对付。假若积攒百万财富，

---

① 水野炼太郎（1868—1949），政治家。历任内务部大臣、文部省大臣。漱石预备门时代友人。

② 即户川秋骨，1870—1939，评论家，英文学家。《文学界》同人。后任庆应义塾大学教授。

生下二十、三十个，越多越好。不过，细君生产时颇受苦。

秋骨评我的《文学评论》，发表于《二六》[①]。臼川寄来剪报。

（来信）广田道太郎 田中君子 鸟居素川[②] 如是闲[③] 野上臼川 时事新报

七月二十四日（六） 晴。松根来。逗留。

（来信）大谷正信[④]

七月二十五日（日） 晴。斋藤阿具[⑤]、青木昌吉来。至夕暮而归。

七月二十六日（一） 晴。实业家们，应美国招请而渡航。中有神田乃武、佐藤昌介、岩谷小波。不知为何目的。实业家在日本对天下之事一知半解，强词夺理，不甘示弱；一旦跨出国门，全都变成哑巴。难道就为这个。

在文科大学，倡议将神话纳入课程。总长浜尾新以神话的“神”字与国体有关系，提出抗议。明治四十二年（1909）东京大学总长头脑的水平如此程度，可知其作为如何。

（来信）森卷吉（自沼津）

---

① 指秋骨发表于 1909 年 7 月 23 日《二六新报》上《读夏目漱石氏的文学评论》事。
② 鸟居素川（1867—1928），历任新闻《日本》、大阪《朝日新闻》主笔。时有“东三山（池边），西素川”之说。
③ 长谷川如是闲（1875—1969），历经新闻《日本》《日本及日本人》，于 1908 年进入大阪朝日新闻社，任社会部长。著有小说《？》（后为《额的男人》）等。
④ 即大谷绕石（1875—1933），俳人。师事子规。“四高”“广高”教授。
⑤ “二高”“一高”教授。漱石借居其邸时，写作《我是猫》。

七月二十七日（二） 忘。

七月二十八日（三） 忘。

朝日舰十二斤炮尾栓，演习中破裂，死伤数名（时日忘）。

七月二十九日（四） 晴。午，东洋城来。夜，安倍能成、野上臼川来。唱诵《通盛》和《调伏曾我》。铃木三重吉迟到。三重吉、丰隆，住一宿。

七月三十日（五） 晴。少雨。微凉。午后，三重吉、丰隆归。

三重吉与其弟吵架，提出绝交。

（来信）畔柳芥舟

七月三十一日（六） 微凉。早，户川秋骨来。午后，中村是公来。是公治疗沙眼，产生并发症，眇其一目。左侧呈黑眼鼠色。

他说要去“满洲”[①] 办报，或许不再来了。不得要领而归。说近日请我吃饭。

（来信）奥太一郎（照会）

八月一日（日） 微凉。骤雨时至。大阪大火。三十一日午前四时始，持续三十一日全天，直至八月一日六时半终止。燃烧二十六小时。两万户。北区几乎全部烧光。自来水供给不足，蒸汽唧筒少，

① 指伪满洲国。

强风，炎热，皆其原因也。军队出动，河里运物。货物在河里燃烧。

八月二日（一） 阴。微凉。

虚子自修善寺返京。春阳堂本多啸月来访。是年春，国光社焚毁，《虞美人草》纸型没有了，必须重新制作。他提出，其中一半要我负担。我说，一百日元怎么都好说，只是不明白为何要我负担。

（来信）虚子

八月三日（二） 微凉。

素川寄来如是闲的《？》（《额的男人》），意思是叫我提意见。

近来，野草开花，点缀各处。

八月四日（三） 阴。大凉。

隔一间的下个房间，按摩师为妻按摩腰部。他那张脸酷似罗汉。真想给不折看看。这位按摩师靠酒而生存。一般的酒不过瘾，要喝烧酒或浊醪。

中村是公打电报，问六日晚能否来一下。是公的使用人送来两条俄国香烟。二百五十支装也。

虚子来。诵《实盛》。剃发。

丸善运来《都德全集》十六卷。一场大折腾。

八月五日（四） 九时半，骤雨过后，小说《后来的事》渐近结束。

村鉴来。谈起鸟取的事。他希望迁来东京。

八月六日（五） 阴晴不定。三时半，前往饭仓的“满铁”分公司。见是公。建筑宏丽。接着去公园内是公宅邸，入浴。乃是个能喝到好茶的家也。其后，再去木挽町似乎名为“大河”茶社[①] 的地方。久保田胜美、清野长太郎、田岛锦治[②]，还有是公和我。贞水[③] 作两场讲谈。饭菜为浜町之常磐菜系。坐在身边艺伎的扇子上写有春叶[④] 的俳句。那是一把污秽的扇子，好像是在哪里捡来的。十时半回。

十四岁少年，前来要我为他取诨号。

八月七日（六） 七。前天，冈田耕三[⑤] 来。第一高校法国文学入学考试被录取，但又说体格有问题，本已失望，然见报上首席合格，遂高兴非常。

自是公宅带回“满洲”拂子一支，香烟一条。此香烟附有草秆二寸长。专利品。

两国焰火。十分热闹。晴夜。

八月八日（日）《后来的事》只写了一章。

八月九日（一） 晴。《后来的事》第一百章，写完一半还要重写。《后来的事》文章返工，这是第二次。

夜观天河。

---

① 译者注：原文为“待合（machiai）”，饮茶、休息、约见等场所。男女密会之地。
② 田岛锦治（1867—1934），二松学舍时代旧友，后任立命馆大学总长。
③ 真龙斋贞水。
④ 柳川春叶（1877—1918），小说家，红叶门生。
⑤ 林原耕三（1877—1975），东大英文科时代的门生。旧姓冈田。著有《漱石山房的人们》等。

八月十日（二） 欣闻蝉鸣。

八月十一日（三） 阴。大凉。穿毛线衫。仿佛去箱根避暑也。

傍晚，请中岛襄吉来。因细君反应，腹中有些异常。经诊察，说是肠的问题。

高等学校来为粟津清秀先生募集养老金。

新，不来。

（来信）畔柳都太郎 寺田寅彦（德累斯顿）野野口胜太郎

八月十二日（四） 晴。佐治秀寿自仙台来。晚，虚子来。诵谣曲《草纸洗》。

（来信）浜武元治 大坂在河内之人

八月十三日（五） 阴。闷热。

伊藤幸次郎来书。入“满铁”担任新闻方面的工作。中村捎话来，这封信不知是一般问候，还是有事相商。不知中村说到何种程度，伊藤考虑到何种程度，这才写信来的。很难回信。

（来信）小岛武雄（豆州伊东）

八月十四日（六） 写完《后来的事》。

满韩纪行日记

明治四十二年九月六日至十月十三日

明治四十二年（1909）

九月六日（一） 早晨醒来，从床上眺望窗外，看到船舶漂浮。海上晴日朗照。侍者说，再向前行驶一段，就能望到山头一角了。

五时左右，抵大连。

看到高大的烟囱。看到检疫所。混杂。经佐治氏周旋，乘上大和旅馆的马车。前往中村家。妻君病。沼田[①] 氏来交代了许多。中村未归。去大和旅馆。入浴。中村来。其后要我们到他家里去。遂去。呼国泽[②] 氏，一起前往俱乐部。喝了名为“进口苦”的饮料。回。十二时。国泽氏送至旅馆。

九月七日（二） 大连。

① 沼田政二郎，中村是公秘书。
② 国泽新兵卫，当时“满铁”总裁。

中央试验所。

豆油。精制。Cooking purpose（烹饪目的）。Olive oil（橄榄油）的九分之一。和动物制相同的digestible（口感好）。肥皂。溶解于盐水。

柞蚕。精制丝线。绢绸的一半。

Lottery（彩票）。高粱酒。

电气公园。

西公园。射击场。海关。

“南满”铁道公司。午餐。

向河村[①]氏提问有关“满铁”事业。

布置餐厅，今晚有舞会。落雨。雇车回。俣野义郎[②]来送。腹部不适。谈话艰难。卧于沙发之上。醒来雨霁。有人送饭至宿舍。命入浴。须田纲雄氏来，提议共进晚餐，遗憾地谢绝。中村来电话。问是否出席今晚舞会。

九月八日（三） 晴空。立花氏来访。俣野来。

夜，“满铁”高官松木，呼桥本于扇芳亭，要我也去。胃疼，谢绝。中村来电话。邀我去交谈。过八时前往。神聊一通。十二时回。

这天午前，俣野领我参观各处。

九月九日（四） 晴。民政署来电话。问何时去旅顺。

---

① 河村柳次郎，“满铁”调查科长。

② 漱石任五高教授时代作为“学仆”的门生。

早饭后，在读书室同桥本[①] 氏谈话。

十二时散步。一时午餐。同俣野一起外出。

事务员养成所。两班学生。英语、汉语。制图。伙夫、司机。另外，还有中国人电信技工。（毕业后每日工资四十元。）

妖魔鬼怪的旧宅。十分荒凉。比这好得多的集体宿舍。清洁。俣野的二楼 comfortable（舒适）。劝业场。旧家具店。街上景色。

扇芳亭。下等料理茶屋。

去俣野家。与村井启太郎三人会餐。再去中村家吃晚饭。田中理事、桥本左五郎。看见狗。十一时归。

领通行证。

九月十日（五） 八时半启程前往旅顺。田地。高粱。粟。荞麦。污水浑浊的湖沼。其中长着玉蜀黍似的东西。两三村落。林木间的石墙。画趣。山的景色。墓地。广大的公共牧场。

昨夜听是公谈起刚来大连时，只有烧剩下的房子。就是当今的鬼怪旧宅。去厕所寒甚。田中君乘火车。货车 lantern（车灯），摇摇摆摆，火已熄了。穿上外套还是哆嗦。因窒息而出现病人（炭火）。平野水[②] 只能喝两三滴。清野理事穿了半打上衫。

周水子[③]。夏家河子。（海水浴场）

① 桥本左五郎，成立学舍时代的旧友。时任东北大学农学部教授，调查蒙古畜产事业状况。
② 清凉饮料。大阪池田附近的平野矿泉出产。
③ “满铁”旅顺支线的分叉点。

（车站）营城子。

岛上不通道路。生怕通车而挖沟渠。或堆土。其土取自道路。

茫茫田野。

不知从哪儿耕作。

中国人一日两餐。十时。七时。上下午不分。四人一桌。

和气生财 和气致祥　　我有嘉宾

名驰塞北 味压江南　　堆金积玉

客逢孺子休悬榻　　发福生财

门到薛公且进餐

十时抵旅顺。白仁长官至车站迎接马车。渡边秘书同乘。抵大和旅馆。接着再去民政署，面见白仁氏。面会佐藤友熊氏。归。小木贞氏来大和旅馆。

新市街有废墟之感。旅馆前虫鸣不绝。港湾暗绿如镜。望古战场之山。

山岗之上处处可见工事进行一半的房子。草生长在广阔道路的pavement（人行道）之上。一派安闲。从火车上遥望旅顺纪念碑。二百多尺高。本月二十三日东乡大将来。港湾入口三百多米。

午餐。佐藤氏同行。战利品陈列场。原来的医院。墙洞。屋顶破洞。

火矢。土囊。Search light（探照灯）。独自一人横向射击。铁丝网。手榴弹。鱼形水雷。渡过壕沟时的梯子电线杆。

高鸡冠山北炮台[1]。外壕。

外岸侧防穹孔。

三十七年。

廿二炮。

对沟。九月二日至十月二十一日。窖道。对面窖道。十月二十七日爆炸。十月三十日。

出外壕。被机关枪射中。挖掘窖道。一日四十五英尺。最快捷。

窖内谈话。收集遗体。酒的有无。

投手榴弹的家伙死于窖内。人身着火。其下还有尸体。

登炮台。

二百三高地[2]。　二龙山炮台。

椅子山。　盘龙山新盘龙山西炮台。

海参山。　北炮台、盘龙山东炮台。

高崎山。

松树山。

大古山、小古山。

克鲁鲍特金[3]。

首先占领前山一带高地（八月）。

---

① 旅顺激战地之一有东鸡冠山北炮台。这一带的记录，有对这一地域的对壕作业，挖掘坑道地下站的见闻。

② 旅顺背面最高丘陵，海拔二百零三米。最大激战地。所记为自动机关山之展望。

③ 译者注：克鲁鲍特金（1848—1925），日俄战争时俄军统帅。

夜，民政署长于旅馆开招待会。署内高官列席。伊藤、松本两氏出席。十时许散会。

九月十一日（六）[①] 晴。八时二百零三米。River bed（河床）。野菊。Brick house（砖房）处处。洋槐。浣洗的衣裳。耳环。驱驴整地。

一百七十四米的地方激烈。被自己炮弹击中。那种滋味。鹌鹑飞翔。墓。打火石。

防御三层。机关炮五六门。用破布裹石油弹投去。油色。火矢之痕。双岛湾。

第一线的苦痛。夜里运粮。雨。蹲踞水中。唇无血色。瑟瑟发抖。马入水，滋波滋波。

六月至十二月，睡在外面。不像人的样子。犬马也。血淋漓。

白玉山。纳骨堂。迂曲而登之。

午后，去海军港务部。海军中佐河野左金太氏陪同，乘小汽艇巡览港湾。适值打捞港湾内外沉船（承包者一方不尽如意）。计划今年十一月完工。

广濑[②] 中佐所乘。防材之标本。

打捞方用一〇〇千克炸药炸开船体，将其切割成为 section（分

① 以下至“迂曲而登之”，乃为考察二〇三高地的笔录。
② 广濑武夫（1868—1904），旅顺港闭塞队指挥，因战死而被称颂为“军神”。1904 年 3 月 26 日，乘“福田丸”执行第二次旅顺口闭塞任务。漱石等参观了当时乘船地和打捞作业场。

段），再用六英寸的wire（金属线）连结置于六百吨带有浮标的船上，使之沉没水中。待退潮后抓紧作业。然后利用涨潮和唧筒之力，使之浮出。

机械水雷数这一带共有三千。还剩下一部分。危险。偷猎者知道，但有的不肯说。

作业危险。时有因爆破机操作失误而导致的死伤。或因潜水器失灵经不住水压而死。有的在水中因水雷爆炸而死。

俄国战利品，陈列着浮标和锚等。价值三十万日元。破冰船两艘。

访佐藤友熊[①]家。见孩子们。明日一道吃早饭。

晚上，田中理事招待，前往附近日本料理店吃鸡素烧。荒凉的俄式半地下房舍中，沿着黑暗的路径，穿过野草茫茫的空地，一座西洋小楼点火应客。屋内新铺榻榻米。四位酒女出迎。

九月十二日（日） 民政长官告别。漂亮的住宅。饮古加皮酒。访问友熊。吃鹌鹑。田中、桥本。

分手古都鹌鹑泣。

十一时二十分发，一时抵大连。田中理事命我去他家。观其library（图书馆）[②]。在Steevens（斯蒂文斯）的folio（对开本书籍）的*Shakespeare*（莎士比亚）里，发现有Sir Robert Peel（罗

① 旅顺警视总长。成立学舍、大学预备门时代旧友。
② “满铁”理事田中清次郎藏书中有很多莎士比亚对开豪华版。

伯特·皮尔爵士）的署名。二时半回旅馆。樱木从相生氏那里来。俣野同行。命我到码头演说。腹疼。入浴。六时半要我去吃饭。去事务员训练所讲话[①]。讲演自七时许到八时许。中村、田中、国泽诸君旁听。归途访中村。田中、国泽同席。呼犬冢。桥本后至。十二时回。

你能为我翻译吗？桥本如果想做畜牧就让他做。

明早七时五十分的火车，延至改乘后天的快车。如果钱不够，可以借。请桥本做个计划。

九月十三日（一） 晴。晨，相生氏和樱木氏至。答应今晚到码头 hall（大厅）讲演。桥本也同意了。之前，总裁来电话。问今日是否外出。要是今晚十二时前来讲演，应该知道几时出发。听说伙计回去报告，夫人询问了一番。看来晚上，中村没有告诉妻君关于我的事。或许后来同田中一道去哪里喝酒了。

到正金银行领取汇款。散步归来。腹疼。立花政树和今井达雄来吃午饭。三时许，中村是公来。俣野义郎至。是公和桥本提起马的事。叫他骑自己的马。两人一起前往马场。余于途中腹疼返回。樱木氏来接应演说。乘马车前往相生氏家。逢是公。他是趁“天草丸”到岸前赶来这里的。是公去。晚餐。径直赴讲堂。桥本君先讲。余饶舌一小时。一小时余。乘马车回旅馆。途中访是公。不在。

九月十四日（二） 早晨，欲付旅馆费，曰不用。于是公家告

① 为何讲演不容易，讲明其原因。翌日大连码头讲演不明。

别细君，至公司再同高官、科长告别。与田中君共访立花，至车站。乘 express（快线）。甚豪华也。十一时发。

山间有贫瘠的荞麦田，鸽子飞翔。

瓦房店。

收割丈把高的高粱。像水牛像猪的动物。

牛，渡河。使其拉五六捆高粱。

草山放牛马。仰观之，马在天上。

三时半许，抵熊岳城①。乘 toro（轻轨车）行驶于十八町② 高粱之间，抵达一座旅店。

走下崖头，面前有一条河。水深不足一尺，摇动着五寸宽的厚板渡河。水面不足二十米，但河滩广大，从这岸到对岸当有三百米之多。对岸是高粱地。于河中小洲建一小屋，掘地成温泉。左侧远处一列连山，如屏风并立（高丽城子）。石山上青草铺敷。角度非常陡峭，襞褶深锐。因此，明暗之色，直线分切，鲜丽夺目。河上流之左岸，有杨柳村，渡水之人，隐约于柳荫之中。牧童赶牛渡水。狗渡水。对岸，牛点点散在。

夜，与桥本打台球。平生第一次。就寝。下雨。（十五日）晨，入浴。热甚。于澡堂偶遇铁岭丸乘客。言其自营口归。主妇拿出纪念册，频频求字。小雨未晴。自松山欲赴梨园，因无雨具，故作罢。桥本及眼前苗圃主人（桥本往日的学生）作为翻译而同行。

这条河能捕到小香鱼的原由。

细雨温润地洒在河原上。远山湿漉漉的情景。牛马过秋河的

① “满铁”连京线一车站。多名胜。乘 toro 参观苹果园、红梨园，参拜小山寺。
② 译者注：土地面积单位，一町约等于一百公亩。

样子。

绿柳秋霖留连处，黍田衰穗色浓稠。

雨渐晴。有电话，问眼下去不去松山。前往车站。Toro 未至。不想去，一心想回返。保县来电话，说 toro 如今自松山已开出。不久，toro 到。乘机器 toro，颇快速。

松山乃一带坡度平缓的山地。全山生长着青草，处处是岩石，岩石上布满青苔。高大的松树约有三四十年的树龄。山上有关帝庙。走进土墙门，听见织布声。老翁织麻，自言年已七十。松山下有梨园。树木二千株，全然苹果也。站在山头可以望见渤海湾。

有裸山，曰望小山。上有塔，刻文字。Toro 快速。听说炮台有蛇。

参观韩文之家[①]。土墙角上建成“”型，红旗招展，简直似玩具也。右方门内马吃草。双扇门。脚踏石。

来时自车站开始腹痛，归时亦苦。再乘 toro 至车站时，愈益痛苦。尚未进午饭。三时到达。开往大石桥火车四时二十分也。此后乘轻轨 toro 二十分钟，若回旅馆吃饭，时间不够，不得已只得顺延。夜九时寝。

九月十六日（四） 早晨好天气。立即入浴。旅馆澡堂很热。再进下一个澡堂。混浴。“满洲”天空美丽。牛群渡河。电线杆中有柳树，还长着柳叶。早晨风景一派生机。

午后四时二十分，乘火车，往营口[②]。昨夜十一时到达的旅客，

---

① 红梨园主之家，门上建有如手绘图所示样结构。
② 面向辽东湾的开港场，牛庄。

自营口女氏园馆招妓二名。弄旅行饭盒甚可观。客乃似“满洲”铁道职员。言其未曾沾过元治元年所生女子，学仆时代或许有过。

羽鹊。野菊。玉蜀黍晒在屋顶上。屋脊浮泛黄色。

中国田园平均每人两町 。

高粱的利用。秸秆用来缮屋、做墙、烧火、编织斗笠等。

守备队。换防。马、车及其他，则一律带回。

公学堂。传授必要的铁道知识。三十二人。八岁以上，十六岁以下。

右是在盖平[①]时的情景。

盖平和下一站之间，多盐碱地，不长庄稼。有山羊群。

大石桥站下车。去营口要等五十分钟。进入餐厅，好气派。

（夕暮天空，可见一道无尽的红而高的围墙。墙头有人奔跑。仔细一瞧，原是电线杆头。）

夜八时许抵营口。乘清林馆马车前往旅馆。花二十分钟。夜色茫茫，走在宽大的路上。清林馆虽为洋式旅馆，内部纯然日本式也。漂亮的室内，漂亮的器物，甚觉爽适。入浴。中国人搓背。在车站，有正金银行支行经理杉原氏以及天春氏，还有桥本领往蒙古的二人，前来迎接。

九月十七日（五） 晨，桥本、杉原等前往小寺牧场。余参观市街。主人用马车载客领游。中国城镇，臭气充盈。招牌写金字，其中有甚高大者。故需费钱千元。乘 ferry boat（渡船）横渡辽河。

---

①“满铁”连京线一车站。激战地。名胜亦多。

浊流无限。舢板[1]的白帆。三千吨位的船只可自由进出。归途乘舢板。防岸工事。使用芦苇。结冰一方可浚渫而出。访大仓组豆粕公司。营口、大连大豆产量无大差别。见仓田氏。登房顶望营口。中国房舍屋顶如通衢。称清真寺。见之犹如红漆塔。牛岛实氏说带我们看戏。尚未开场。Stall（席位）有table（桌子）有椅子。阶梯宽广。舞台突向前方。上下场两出口。观剧之后，牛岛君来，道声妓院而回返。低矮的砖瓦大杂院，正面朝向道路。从两边走进这座大杂院，左右都有房间。其中一人招呼道："请进来坐坐吧。"然后看真正的妓女街。街口并排的房屋大抵一如前。进入左侧之门，右有房舍三间。一号门帘最低，二号躺着三个女子，其中一人颇美。小脚朝前伸着，半躺半倚。邻室有弦歌声逸出。窥见时颇可怖。正面有table，其右有一黝黑大脸之中国人，拼命击打响板，向左向右，拿起一根竹子猛击table。Table前站着一个十四五岁的女孩儿在唱歌。一个似乎是瞎子、面部表情有些异样的人一个劲儿拉胡琴。Table左侧有女子三人并列。这间房舍前面的房舍，中央置一桌，桌上放着两三只脏污的大碗。两三个人正在吃饭。茫不知何事。

刚才就开始腹痛。十二时半约见杉原氏的事遂作罢，回旅馆就寝。三时许，杉原氏与桥本同来。因有约准备去俱乐部演讲。俱乐部为军政时代所建造。比较豪华。约一小时后，回宿舍就寝。桥本五时过后回返。立即出发。杉原、天春、代理领事送行。清林馆甚细致亲切、设备周到之宿所也。夜九时，抵汤岗子。身体痛苦不堪。寂寞原野中，望灯光一点。这就是金汤旅馆。

① 河川沿岸所用小舟。

虫声唧唧中前行。抵达。西洋式馆舍。走在裸露地板的大厅，厅里有椅子。一处如吧台的作为茶间或别的什么的地方。越过那里左右是房间。房间一尺高，脱去草履进入。我们的房间由两处组成。一间铺地毯，有 table、沙发和椅子，和 floor（地面）同一高度；另一间有一尺多宽的楼梯，援梯而上，则铺着榻榻米。白壁上随处有污点。寝具是大红的丝绸缎子被褥。入浴。侍女打灯笼引路。暗中约行百米，有别馆。三个热水池。沿阶梯下行，用石板筑成，稍热。心情不适，故未进餐，饮葛粉汤就寝。大便通畅，心情颇愉快。（十八日）晨，推迟千山之行，暂行静养。桥本以下等人骑驴而行。马受惊难乘。蒙上眼睛。渐可骑乘。俩中国人肩挎步枪立此看望。看远山和附近土岗，满目萧萧，除此之外唯有高粱地渺渺相连。旅馆周围一片平野，三匹马行于平野之上，隐约闪现于段段高粱之间。挎枪的中国人亦隐没于高粱地里。旅馆的人说，骑马时，一乘一下，最好给它蒙上眼睛，否则很危险。

有池塘。热水也。此处无冷水。热水池里有鱼。奇妙之所矣。

缓缓的草山，马儿点点。静谧。房间周围，虫声大作。

自午饭至四时，室中闲坐，甚静。入浴。晚餐命吃鸡素烧。入夜。侍女报曰：眼下打灯笼去迎接中国人。稍时又来报曰：看见灯了。登屋顶见之，似星光在黑暗里摇动。八时许，桥本等归。

九月十九日（日） 快晴。八时半起床。入浴。甚愉快。十一时发，赴奉天。自草山有时出没于垒垒岩石间。高粱百里皆着色。随处有矮树。豆田渐繁茂。

（昨日的事：来了一位身穿印花上衣、勒枣红裙和穿鞋子的女人。她叫道，请出来一下，只有我一个人。打开窗户，见旷野中有人影闪动。她要到哪儿去呢？）

三时抵奉天[1]。“满铁”附属地，红砖建筑，处处可见。虽云豪华，但难免点点之感。乘沈阳馆马车而行，走电铁轨道。道路宽广，尘埃甚多，左右茫茫。渐渐进入城市。（此前，见喇嘛塔。）至沈阳馆花二十分钟。打电话问佐藤肋骨状况。回答还好。立即前往。进入城门，颇宏大。一刻钟即抵“满铁”公所。门柱纯然日式，过道门纯中国式，在三合土上径直走去，正房右侧的厢房是西洋式，左侧的厢房是中国式，紧靠正房的左侧是纯日本式也。在客厅暂时滞留，会见堀三之助氏。有晚饭招待。回旅馆入浴，立即再往。七时半。于台球场见岛竹次郎氏。同桥本和岛竹氏打台球，餐厅有正餐的宴请。在客厅有俳句和俳人的谈话。十时辞谢而归。

九月二十日（一） 北陵。狮兽、龟甲，高四首、五尺。背脊上有石碑。宽六尺，厚二尺。隆恩门。拱门。上有三层。拱门之上，厚壁。四方壁厚皆两丈五尺左右。四角有楼阁。正面有殿。左右亦有殿。屋顶覆以彩釉瓦，茶色、蛋黄色、赤褐色、红色。下是奠基石。正面石阶左右段段，中央为龙刻，大官从上通过。隆恩殿。栏杆。还有菊圃。

昭陵。太宗文皇帝之陵。“满洲”。蒙古。雕石。着色。剥落。

石壁上，宽五米。昭陵后呈⌓形。其上似可行。长百六十步。

登三层阁。鸽粪。见下面屋顶野菊花。炮弹痕。

---

① 连京、奉山、奉吉三线汇合点。沈阳。

正门前左方，有块地方原样未动。剥落。几乎难以辨颜色。屋顶生长茨松。

昨夜肋骨大谈蒙古人家。阳伞上面覆以伞的房子。编柳枝上面遮着油毡。抽出绳子，油毡空了就会冒烟。火撑子长的东西内填满马粪，用以生火。蒙古人套马的故事。站在马镫上疾驰。赶车的方法。换马的方式。

角田氏农事试验场的情况。土壤干涸，有机物少，抵不住春风猛吹。

午后二时参拜宫殿。宝物展。珍珠龙鳞缀成的衣服。钻石刀把的刀子。玉石珍珠珊瑚穗子刀。珍珠龟甲。金玉玺。车轮花瓶等。

接着看戏。左右两侧，写着“入相出将”，中央张锦襕彩幕。六七人围在桌边。外国人和日本人女子，弹琵琶唱歌。

九月二十一日（二） 昨夜，和田维四郎一行七八人到达。畅谈一番。骚扰。晨五时，熟睡中被叫醒。六时前往抚顺[①]。九时二十分到达。处处正在盖房子。戏园。医院。学校。其他一律砖瓦房，且豪华建筑也。

大山坑七百六十尺。九百尺（径二十一尺）。Gas-works（煤气厂）发电所 2200V．两处。Water-works（水利工程）。坦克。烧制砖瓦。自前年四月。一年几乎全用来建筑。砖瓦结构大多 variety

① 煤矿城市，除坑内采掘外，露天采掘更为有名。

（富有变化），皆风雅也。太田技师负责设计。

煤炭夏季营口，冬季大连。不过，冬天大连大豆也很重要。故感觉港口的必要。众多煤炭的储藏是件大事。

乘五时的火车，八时许到奉天。在中国人的食堂吃晚饭。好多俄国人。还有人赌博。进入卧铺车厢。为着铺位够不够而大闹一场。列车员凑巧找出两处相对的地方。拉上窗帘太热。（二十二日）睡下之后，四时被人叫醒。洗脸。火车停站。等待对面的俄国火车。依旧为房间够不够而乱成一团。长春的站长为我们保留了房间。（为和田维四郎一行和我们准备三室。一等间，分别二三人。）站长为我们购票。车站内的换币手们都说，当心俄国人，否则很危险。他们用铁丝套在人的脖子上带走。这年四月，有个人换了钱回去时，被七八人给宰了。

在月台上，英国人为没有房间大声吼叫。满嘴“That is all right. This is abominable.”（没关系。真讨厌。）什么的。

不巧，从北京开来一列长途车，乘客混杂。

长春不很冷。二十二日也。

九时二十分抵达目的站。感觉稍寒。进入饮食店，旅客争着吃东西。也有人将汤盛在盘子里自己吃。

过十时通过松花江。备有大炮。渡江沿岸沮洳之地，风光好。“露助”[①]吃油条。其中，有夹米、夹肉、夹卷心菜三种。从火车上往哈尔滨，看过去欧式建筑栉比鳞次，规模宏壮。到达车站。夏秋氏。经长春藤井氏斡旋抵东洋馆。乃一家蹩脚旅馆也。夏秋氏来，接受介

① 译者注：日本人对俄国人的蔑称。

绍。夏秋氏提议顺便陪同乘马车参观市内。通过市街，进入大商店。在二楼买了外套。二十二日元。稍微改一下袖长和背长，约定一小时后送往旅馆。然后去公园。里面演戏，举办舞会，有地方喝酒。所有这些都很简陋。接着去看松花江石桥。据说日俄战争时，欲炸毁而未成功。乃一长桥也。然后再去看中国人街道。有日本饮食店。

“露助”身穿红衣服充当御者。马必两匹。

新市区大都房屋整齐，三三两两而在。归来后外套送达。自己里边标有 superior tailor-made[①]，而桥本的里面是一八六七年十月。大笑。

相谈之末，决定翌日一早出发。

九月二十三日（四） 欲去厕所，而到厨房。冷气也。早晨欲乘马车参观新市区。到日满商会向夏秋氏表示谢意。东清铁道本社及附属商业学校及参谋本部、日本领事馆（据闻主持者战时做翻译赚一笔钱，纳三个俄国女人和两个中国女人为妾）、俄罗斯士官住宅。遥望旧哈尔滨。列车到站。九时发。将于今夜六时抵长春。

(露助的儿童上学)

满洲黄土。风自中央亚细亚吹来。深处八百尺。辽河的水……渤海湾五万年后埋没。

梅花香气浓，哪怕泥炭臭。[②]　五平太[③]。300 年以前。

---

① 最高级缝纫而成。
② 松尾芭蕉的俳句。
③ 译者注：煤的别称。

薄暮，抵长春。和田氏一行入住大和旅馆。因旅馆狭小，遂往三义旅馆。路上失同行之车。中国车夫只顾胡乱奔跑。走到某桥梁处，停车不知要做什么。毫无所知。引车而返。逢日本人。为了确认旅馆所在地前来打听各种情况。

旅馆人员陪伴着前往后街的澡堂。大坂式。日本人进进出出。一心想回内地也。按摩师吹哨而过。

旅馆内办画展。某画工似乎边旅行边赚钱。老板娘走来说，有演戏，去看看吧。您知道，长春还是很热闹的。

九月二十四日（五） 心情愉快的天气。晨浴。大重氏至。藤井氏至。在两氏陪同下参观博物馆。有十二三处。大的房舍里有的好几处，有的一处。不光是吵闹。徒步从北门进入城内。馆舍十分宏大。许多房屋修缮一新，清洁无垢。发掘的墓地，逐一移往别处。巨大的棺材由七八人抬着走。

戏剧小屋二万五千日元。道具价值三千日元。华实病院（逸见的工作）。

电话，由“满铁”转让给都督府。

电气，“满铁”营业（来年一二月）。小学校（“满铁”事业）。病院，也转让给都督府。

旅馆老板娘叫我写点什么。不知她从哪里听说的。二帖各书一

① 译者注：神奈川县横须贺市地名。

帖。准备夫妇分手时使用。

高粱地里行又行，高粱对面落日倾。

草尽入松林，秋风迎面寒。

午后八时，在昌图吃晚饭。凌晨一时过后，抵奉天。至旅馆约四公里。乘马车，听中国人炸鞭声。

霹雳鞭声响，头上星月夜。

翌日二十五日（六） 和田氏一行先在。尚未出发前往安东县[①]。大将叫来理发师，在玄关理发。

早晨，算账。中午，至领事馆见小池领事。至公所见佐藤君，借钱百元。见犬冢理事及其妹妹。归馆。犬冢理事、岛技师至。大阪《朝日新闻》通信员至。

外出。买毛笔和墨汁。花钱七元再加上三元二十钱也。在旅馆向中国人购买绫罗衫一件。索价三十一元，实价二十九元。折合日元二十一二日元光景。

九月二十六日（日） 晨七时过后，向安奉线[②] 出发。轻便铁道，非常混杂，不堪名状。坚忍于极其逼仄之地。动弹不得。不久，驿员到来，说另安排了席位。这次非常缓慢。

再渡浑河[③]。前边，沼泽沮洳之地，望去，蒹葭苍苍，牛马点点。

旅馆送来葡萄。午饭三明治。水两杯。汽水六瓶。

---

① 安东（今丹东），隔鸭绿江同朝鲜新义州相望。

② 当时奉天、安东间为军用轻便铁道，全长二百七十余公里。两年后的 1911 年 11 月，改为宽轨线。

③ 沈阳南部河流。

自石桥子路渐入山里。山间有树。迂回。登大岭[①]。自隧道两侧各开道路。山上张帐幕，苦力休息如蝇聚。始见清流。一角露云山。山角微阴暗。

抵火连寨。

本溪湖。有溪流。

祁家堡。

停靠桥头。返回祁家堡，为了将暂时甩在那里的半截列车拖回来也。自桥头下山。四面皆山。

桥头、南坟间，山水景色绝佳。水色如蓝。或洋洋静止。襞褶似用山斧横斜砍削而成。有松而无奇态。牛马处处。山地多植鸡头。煮而食之。

八时许，抵达草河口。宿日新馆。入浴。修葺中，星月在望。山间小站也。客室皆拥塞。

九月二十七日（一） 快晴。乘七时半火车。躺着看山。山间日照。树木发光。旅馆四方，皆有草木，未见不愉快之沙土也。闻鸡鸣。

自草河口至通远堡之间。山树、地形及田野之情景，皆似日本。

刈粟顶戴馒头笠（以下无文）

来到鸡冠山。休息。午饭。悬挂暖帘的店铺，乌冬面，自做佐酒小菜。

二时四十分，抵凤凰城。包一节三等车厢的中国人全家下车。

---

① 安奉线沿线一带地势险阻，长白山系奇峰耸聚。通过有火连寨、本溪湖、祁家堡、桥头、南坟和草河口等站。

五龙背有温泉。伊藤幸次郎下车。火车上可以看到温泉场，清晰可睹。

七时半，到达安东县。月夜看鸭绿江。本以为狭窄，宽阔处达两英里。驱车赴玄阳馆。车上所经过者悉如日本街衢。此乃意外之感。“满洲”还未发展起来，而家屋尽皆日本流。

锅贴馄饨一路行。

见堀三之助氏。希望就通行证一事代为询问。

二十八日，翌日早晨，安东县派出所主任天谷操氏来访。他对我说，直到昨日一直待在所辖之地办事，要直接去镇南浦[①] 一趟。说罢给了我一张名刺。还说，如果去旧义州，他可以陪伴我一起走。他午后乘火车出发，在平壤多少有些事要耽搁些时候。为我办的通行证属高级，有效期两周，火车票只有中等车厢。

驱车去买绉绸。听说今日是盆节，休息。出去一看，果然大都休店。在“东益增远”这家店里买了两匹绉绸。十四日元。五日元。此外还有中国缎子。四尺三日元六十钱。登关帝庙，望鸭绿江，为纳骨堂献香火钱而后返回。只有“满铁”馆舍属欧式，其他为日式。即使洋馆也如此。日本人的建筑粗陋，通常都是白铁皮葺顶。人口年年增殖，日清战争[②] 时，几乎没有什么人家。

开始乘坐日本人的车子。车厢清洁，有靠背。有厚实的羊毛护膝。但没有马车。

十一时半吃午饭。乘小汽轮渡鸭绿江。新义州站长接小城通知，

---

① 原来义州的通称。
② 译者注：日本人泛称，指中日甲午之战。

在码头休息室迎接。天谷氏亦送至船上。在码头告别堀氏。接受对岸检疫，在站长室休息。由于桥本氏办理通行证遇到麻烦未拿到，最后直接买到平壤的票。余通过小城预先托付长官，且因从前做过报社记者之故，拿到了高等通行证。但列车没有一等车厢，只有一节中等车厢。皮椅子，comfortable（舒适）。车内只有两人。天谷氏乘十二时火车返回奉天方面。

一度入朝鲜，人皆变灰白。

水清而平。

红土、青松，见之皆小。

嗅此泥土香，怀彼松林秋。

蓼科发红。

颇热。想脱掉法兰绒外衣。朝鲜儿童身穿红裤褂远行。开裾似西洋妇人之裙裤。

看不到成群的猪、山羊和马，只有牛。牛也只有孤孤单单的几头。

不像"满洲"一样使唤中国人，朝鲜没有一个人做苦工。

开始看见稻田。安东县的大米是朝鲜米。纯白似肥后米。

鱼类有鲽鱼和鲷鱼，皆美味。

六时差七分，抵定州。山顶出现一轮浑圆的红月。

不论是九时来还是十时来，都不到平壤。不久，十一时过后，渐抵达。小城带学仆前来迎接。打着柳屋灯笼的汉子说，接到电报了，但不巧的是房子住满了人。这家旅馆只有三座建筑，因为中村制铁所长官以及和田维四郎一行入住，好一点的房间没有了。因而，小城说要把我们领到铁道旅馆去。鉴于这家旅馆全部家底都归铁道系统所属，地址就在铁道官舍院内。走进广阔平原中的建筑，官舍分为两行，左侧的顶头就是旅馆。侍者一人，朝鲜人一人，性子极慢，且闲静。和小城谈话，不觉到了十二时。入浴。吃完饭，十二时早已过了。

昨天在某一车站，列车员关照说，平壤运输科打来电话，表示要是住宿有问题，他们可以帮助解决，假如柳屋不行，就安排住在这里。

九月二十九日（三） 快晴。旅馆周围种植着白菜、花草和南瓜，缺乏新鲜趣味。板墙外面是茫茫原野。这里近来说要出租，但还没有人肯接手。对面是马路，有铁路线，车水马龙。

吃早饭时，侍者说，这一带不能学习朝鲜语，朝鲜人使用日本语。日清战争和日俄战争时，因为要有翻译，才开始学的。

上午九时过后，由小城陪同，在铁道区域内转了一圈儿。看了苗圃、银杏、落叶松等。据说每年经费两千日元。因为今后还要在各个车站广泛种植。

精心收拾的房子很清洁，comfortable。局员集会所，三座台球盘。日式房间，地板房十五铺席大。另有一处夜校。一端是舞台，作书场。下一间铺地毯，放置钢琴和风琴等。去小城官舍，鉴赏徐念淳[①]《坝水赋》，长一丈，宽一尺五寸。字体秀丽，乃名帖也。于宁边夫子庙获得木雕版十枚，据闻是朱子所书，乃谨严方直之字也。

吃饭。红烧鸡。烹饪，通子夫人。

---

① 译者注：清朝文献记录："朝鲜国使臣徐念淳等三人。于西安门内瞻觐。"余未详。

在离箕子庙[①] 一二百米处松山内，恸哭一场。

三时，登大同门，望大同江[②]。腰间绑扁担运水。

万寿山[③] 的松树。乙密台[④] 景观。石墙上的常春藤。石墙半崩落。角楼倾圮。

白帽人在楼上。

玄武门[⑤]。

看罢牡丹台[⑥]、箕子庙（喜鹊频飞松林中）。永明寺下车。憩于浮碧楼。自楼下小渚径直登船解缆。削绝壁刻大红字。出现“拜清流”也。

州对面在斜阳照射下的远山，青烟迷离。白帆一点，闪闪放光。

绝壁下，刻红字的地方，有三个日本职员在吵架。一人穿短袖针织加围兜，身强力壮的汉子光着膀子，还有一个说话带大阪口音。看来，他们在那里站到什么时候都无所谓。风雅的朝鲜人，戴着帽子拉着手打下边通过。实际上，矛盾至极。登船过新市区游廓，买绘画明信片而归。七时整。

晚入浴。小城的姐姐和小孩来玩。吃饭时，《平壤日报》社社主白川正治氏来。此人是中国和朝鲜通，据说在很多地方都混过，属于冲和横川[⑦] 一类人物。战争未开始之前，已经从安东县跑到了

---

① 位于平壤的殷朝太师箕子的庙宇。箕子，名胥余，殷商末期人，纣王的叔父。官太师，封于箕。商周政权交替与历史大动荡的时代中，因其道之不得行，其志之不得遂，“违衰殷之运，走之朝鲜”，兴建朝鲜。后受周朝礼遇，回国过殷都，不堪破败之相，悲歌不已。

② 平安南道河流，流程约四百四十公里。

③ 平壤郊外的丘陵。

④ 西南部连接牡丹台，

⑤ 位于牡丹台和乙密台之间的门。中日甲午战争时，首先为原田重吉所控制。

⑥ 位于平壤市东北锦绣山顶。

⑦ 冲祯介、横川省三。

北方。这位人物找出各种匾额和古版给小城，原来小城在搜集这类东西。

听了关于酒岩的故事。

晚上，镇南浦打来电话，叫我去接。我说我不想接，对方说有件事非要我出面才行。和小城夫人丁零零丁零零，换来换去两三回。最后躺倒了。

九月三十日（四） 五时左右，起来小便。白杨树上出现一轮圆月。再睡。桥本以为八时出发，他早起来了。镇南浦又来电话。终于决定十一时半乘坐大同江小火轮前往那里。

早晨，受小城之托，为名曰“春潮”者的绘画题句：

负草回乡里，骤雨紧相逼。

二时五十分，平壤发。临行前，宫崎氏求我题写“一贯”或“至诚”二字。实在难办。题了“大漠孤烟直，长河落日圆”十个字。为了把“负草”题句送到小城夫人之处，他请了假，所以没有去镇南浦，他对此很抱歉。前往车站，见到和田君一行中的泽口氏。他笑着说，时而见面时而告别。火车来了。犬冢理事下车，令妹也跟着下车，不由得“呀”了一声。令妹说“幸会”，肋骨下了车，“呀”的一声。伸手。说道，不会再见到了。上了火车。站员向中等车厢堆放行李。或者只是连着一等车厢不分开；或者一等车厢各自区别开来，作为特别室而归入中等。前来送行的宫崎先生，依旧泰然自若。报社的白川君，听说是为三隐中的牧隐先生[①]许愿所纳献了

① 译者注：高丽时代末年儒学家李穑。

三十佛之一的金佛像。今天他也暂时被塞进中等。这里就是中等？那么可以向对过转移，陪同的宫崎先生默许了。问为何将行李堆在这里，回答说因为是中等嘛。实在不好意思也。到黄州[①] 转为一等。十一时余，抵龙山[②]。一位姓稻垣的人走进来。远藤、横田二君也来了。他们说，这里霍乱流行，很厉害。

抵京城。乘车去天津旅馆。道路很好。纯粹的日本开化。旅馆亦纯日本式也。方角十二铺席，很舒适。

十一时了，立即睡觉。

车站来电话。在站长室休息，云云。

钢笔没水了。

快到龙山时，睁开眼来，草中亮着灯。仔细一看，是朝鲜人的住家。

十月一日（五） 晨，铃木穆[③] 来。菊池武一来。给我各种亲切照料。大阪朝日的山本光三氏来访。登后面的南山。一时归。——南山之松、统监府，眺望北汉山。归途于 The Seoul Press 访山县[④]氏。因回家吃午饭，不在。经本町大道而回。告别山本氏。逛古道具店，问砚台价值，曰十二日元，遂作罢。

住处有竹。满韩之旅始见竹。

午饭后，到街上散步。理发。朝鲜人哼呀嗨呀地在修路。问那就是朝鲜人的号子声吗？回答说是的。通过本町大道这地方。被警

---

① 黄海道都市，当时京义本线的一站。
② 当时京城府南部，京釜本线的一站。因为地理性原因，常被误以为平山。
③ 漱石内弟铃木祯次之弟。朝鲜总督府度支部长。
④ 山县五十雄（1869—1959），英国研究家，东大英文科中退。

察大声呵斥："向右，向右！"到洋品店买皮包（二十六日元）和香水（六元五角）、礼物以及半打衬领。给铃木打电话。叫我半小时后去吃饭。山县五十雄来电话，问今夜能到他那儿去吗？我回答没空儿，拒绝了。

乘车去铃木穆家。见坂出君。晚餐。桥本来电话，十时二十分出发。乘车去车站。伊藤幸次郎又去釜山。偶然相会。

向铃木索要相册，理由是要献给天皇陛下。穆氏明日迁往新建官舍。夜晚虽然看不分明，但的确是座豪华建筑。

早晨，给家里发问候电报。午后归来，看见回电：希望大家平安返回。

山本氏问椋十是否到釜山，他说抵京时约好要通知他的。

十月二日（六） 乘十二时二十分火车去仁川。稻垣、远藤二氏甘愿自龙山同车陪同。仁川比京城有整洁的日本町，但街面冷清，行人很少。自大神宫遥望月尾岛和小月尾岛，观看瓦利亚克[①]沉没之所。远海浅滩，走上四公里即可到达。二人沙上影绰约，壮士戏剧一行[②]，乘车自我广而告之向前进。朝四面八方大声疾呼。滔滔不绝。有女人。仔细一瞧，原是乘三等车赶来的一个团队。

登仁川俱乐部三楼吃晚饭。其后，沿着几段石阶登上山顶。再下山去车站。在惠登津下车。在这里等待会合来自釜山的火车。车上有玄耳先生，因而迎至半路。等了四十分钟。稻垣氏怕我不熟悉情况，陪我一块儿下车。车上遇玄耳，在京城下。回旅馆入浴。矢

---

① 日俄战争中沉没的俄国军舰瓦利亚克号。
② 译者注：明治中期，自由党壮士和青年知识分子通过演剧宣扬自由民权思想。

野义二郎[1] 至。好久不见，畅饮于葡萄架下。临走时，他说明日陪我到开城。

十月三日（日） 晴。七时起床。等矢野来。大将说拿四五日休假陪我。九时十分出发。辣椒晒在山上。松。墓坟。如佛头。不知是谁。稻田。

十一时过，抵开城。参政科的人出迎。关野[2] 氏也来这里看庙宇。进入参政科之家休息。

参政科的……

会计所。洗涮场。晒场。苗场。厌恶南方。

访两班[3] 的孔德圣见内房。水钵好大。衣柜。

满月台[4]。高丽朝的宫殿。松岳山。(半月的城墙)天文台。全是石柱。遥远的岩石之上，有晒布瀑。基础同都府楼[5]。

十月四日（一） 观看钟路之钟[6]。普信阁（原兴福寺境内也）。

六物店，允许建二层楼。

景福宫[7]。大院宫的建筑。光化门。常春藤。闲静之所。陶山氏担任翻译。

董其昌《劝农斋》匾额所出处。清楚可喜。其后可望白岳。

---

① 五高时代门生。京城通信管理局职员。
② 关野贞，考古学家。
③ 高丽、李朝时代的文武官僚。
④ 位于开城的高丽王宫遗迹。
⑤ 位于筑前国（福冈县）太宰府的别名。
⑥ 京城中央街，钟路上普信阁的大钟。
⑦ 李朝时代的王宫遗址。光化门为正门。

午后往昌德宫[1]。通过名叫“内阁”的奇妙的地方。左转见秘苑。有山，有谷，有松，有细流涓涓。平生尚未见过如此庭园。

归途参观博物馆。排列着众多高丽陶瓷。名牌上全都写着七百年前之物。大都是开城坟墓的挖掘物。

此外，有一处陈列绘画。有许多有趣的绘画。共两栋。稍远一处陈列着陶瓷、漆器、石器等。金佛也有十数尊。

归来在菊池武一君的招待所俱乐部会餐。久水三郎氏亦列席。久水氏是一位走遍世界的人物。据说在某地，走到有着十多个日本妓女的家里也受到欢迎。在新加坡，拿出千元储蓄办奖。还有，在日俄战争中，为美国的卑贱女人捐款。只把日本人当客人的外国人，仅以外国人为对象的外国人的故事。

十月五日（二） 关帝庙。

闵妃墓[2]。涩川、〇〇、陶山、矢野。道路平坦。稻田丰穰。杨柳村。村里松树。道路洁白。忽见白杨。白壁。拐个弯就是一片草原。其中有两座殿堂。见之，后面是陵，土馒头二重。影壁玉石墙。左右和后面是松山。

德成。园艺模范所。久慈目鱼技师。美洲葡萄。欧洲葡萄。混血儿。地里长出的葡萄。地里长出的梨树。三年光景百余种。牛蒡、葱、大茄子。给了鸡头菜。

外面开厨。到后面看汉江。四时过，出模范所。西风强劲，不

① 李朝国王引见文武百官之场所。
② 闵妃（1851—1895），李朝第二十六代李太王之妃。与王之父大院君抗争，甲午战争后乙未政变中于景福宫被大院君派暗杀。

能下汉江。

陶山君说要带我们去看大院君的别墅石坡亭。

夜，应邀宴饮于“花月”饭馆。这是以报社记者为主角的宴会。其他有四五人也来见面。一共五十人左右，韩人三名。遇山县五十雄。也遇到隈本繁吉。将丝绸铺于毛毯上求题字，吵嚷一场。我说，如果一定要写，那就到旅馆去。他们说不行，一定在这儿写。

隈本氏在旁苦笑曰：“真是没办法。”于是好歹应付过去，随拉山县回旅馆。我说，好久不见了，好好聊聊。隈本、矢野晚些到。冈崎远光也来了。远光和五十雄开玩笑。矢野曰：从来这里办成功的是假造白铜，和小偷搞○○。他举例说：比如限期借款，到期返还。假装不在，强行明日返还担保金。在千元保证书上要求对方写下千元证明并诉诸法律。借此一味扩展自己的宅基地和势力范围。

我说，韩人很可怜。山县赞成。不久归。

十月六日（三） 晨，陶山君照例来。乘车赴龙山。参观军司令长官宿舍。并非很大。然而同其他市区比列，显得很是壮大。去印刷局，看了制纸室、图案室、活字室和写真室等。

使用朝鲜人百名以上，日本人约有二百名。孩子时代尤可，一旦上了年纪（一结婚就遭冷遇）。后山顶上有亭子。在那里，所长和高木事务官请我们吃午饭。面包、果酱、沙丁鱼、茶和威士忌。眼下是汉江，景色绝佳。

折回，于太平町邮政局访浅井荣熙。先生是三等邮局的主人。所谓容膝，正是如此。余和陶山君一旦进来，则不知如何是好。浅井君非常高兴，见到那张脸，甚是愉快。

回到旅馆，矢野早已等在那儿了。三人一道去石坡亭。由景福宫向左拐，沿北汉山路而行。舍车登坡。石板路面，十分洁净。晴空如洗。左右石山皆有松。前往北门。出门回顾一瞥，圆拱中映出山巅、岩石、松树和蓝天。道路从而变细。去洗剑亭，乃河边亭也。河仅有石。至三地庵。以巨型大理石断面雕刻佛像。自对面山上砍削岩石，切制石板。返回原路。进入石坡亭。说起大院君的别墅，宫岛之红叶，乃无水之所也。

夜，招呼山县晚餐。俳人牛人来。出短册乞句。东洋专门学校两学生来，邀请演讲。谢绝。

十月七日（四） 依例快晴。旅馆二楼余一人。下面一人。静。今日，没有别的日程。颇轻松。

高丽人之冠，秋风吹落去。

韩人素白。

秋山所见者，尽是白衣人。

松之映（以下抹消）。

学部小泉某求题写扇子三把。正午出行。随便走走。至铃木处。归来算账。宿费及其他近五十日元也。小费二十元，给侍女十元。至矢野家。松山之下，形成一部落。在街头看到高丽瓷的茶道水罐，想买作礼品，一问，回答说已经售出。再问多少钱成交，回答说四十五日元。深感震惊。临回时即至铃木家，决定住一两天再走。入浴。吃饭。十二时过，就寝。

十月八日（五） 依例快晴。铃木和夫人陪我去钟路看朝鲜人劝业场。午饭后坐椅子在阳台上。在沙土上面作菊花坛，烧原木说是用来搭藤架。

其后，来些人说有会，叫我作汉诗。

夜里，唱谣曲。

十月九日（六） 晨，始阴。给野上、野村宅发信。微阴。有人劝参观学校。

给野上的信上写道：

秋日万里晴，山峰一棵松。

给学部的限本繁吉打电话，打算参观学校，托他联系。不巧，女校放假，只好去看师范学校。用日语教授代数（三年级），通过翻译讲授地理（一年级）。教汉文。像念经一样。教习字。以中国人欧阳询字为摹本。他的字很好。在速成科，阅读日本读本。总数三百名，现在二百余名。腹痛。回返。

横卧在长椅上。一时半左右，同穆君及铃子夫人一起吃饭。释尾春荐氏来。

朝鲜和尚。饱尝高丽朝的弊害和李朝的压迫。上流社会以信佛为耻辱，代之而为巫女殿。夫妇一道出场。舞坛上妻子跳舞，丈夫表演。平生住市井。

在大型寺院，有三百名至五百名的僧人，从事耕织、木工以及其他全部自家手艺活。恶汉流氓很少。

百名僧人中有一人能写出超然文字。生计靠施主捐献的土地维持。

奴役朝鲜人以获取金钱，同时又为朝鲜人所蒙骗。

晚入浴。始听雨。心情颇佳。出大连始闻雨声也。夜，与主人聊至十二时。天明，晴空一碧。南山松林，烟霭迷离。铃子说像春天。

十月十日（日） 主人招待新闻记者，一起去看开城人参制造情况。

坂出君来。谈话中正春跌倒，砖头磕破额角。下女立即涂以草油，扎绷带。坂出君给和田医生打电话。下女用车迎接。对方回电话，说别紧张，不要紧的。

吃罢饭，和坂出君闲聊。四时过，登南山。惊叹松树和溪谷之美，乃好地方也。归。应铃子邀，去看荒井贤君的庭院。

后来，为了那会作和歌三首。

我来高丽、百济、新罗国，
前方始终飘动秋天的白云。
肌寒阵阵夜窗之外，
白杨哗哗欺雨有声。
繁草宫居一人独行，
吹石掠础高丽秋风。

夜，穆君归来。见高丽、百济之歌，谓之不得要领之歌也。晚间，主人提议，十三日出发。

十月十一日（一） 七时起床。洗脸，登后山。有弘法大师于提灯上写着“米子、小勇”等。奉纳的手巾系在小枞树上。南山之松笼罩于烟霭之中，在鼠灰色里品味着青苍，乃晴日独特之景象。谷底有小屋，面对绝壁。黄栌红叶自肩头而染上焦茶色。其上可见松枝纵横。八时归。主人乘马才出未回。

十一时，步行十多户人家告别。归来，在龙山砖瓦厂烧制的红泥花瓶上，用煤焦油题字。蘸墨过多，五分钟后流离，告以失败。接受教训，所剩应该枯笔为之。其后，会的河合君前来致谢。晚上，师范学校的增户校长和涩川、山本两氏来。杂谈。题短册数页。其后，谈及玄耳在平壤患有日射病事。

十时半，求夫人关灯就寝。一直煌煌然大放光明，只得起来熄掉。

十月十二日（二） 去看朝市。据说那是明太鱼。在刀一般硬的鱼身上开个洞，穿在柳枝上。

章鱼的肚子吊在一寸宽的皮子上。出售辣椒粉、核桃、栗子、银杏、干枣等。肉上挂蚊帐出售。

午后主人前往统监邸。国枝技师、坂出技师前来交谈。菅田书记官也来了。属题写短册。

十月十三日（三） 九时，南大门[1] 发车。铃木夫妇、矢野、菊池、国枝、汉城记者、通信记者宇津宫、隈本繁吉等同行。车中遇

① 当时京城有南大门、西大门两座车站。漱石由此乘车返回东京。

三井京城分公司经理。铃木为之介绍。后来又见到基督青年会大冢氏，还有佐佐木清丸氏。在草梁受矢野事务官陪同。井本靖宪氏又来迎接。立即上船。由京城到东京，通票价四十一元九角八分也。

修善寺[1]大患日记

明治四十三年八月六日至十月十一日

明治四十三年（1910）

八月六日（六） 乘十一时火车前往修善寺。东洋城未来，怀揣两张白板车票，心想，这下子糟了。路上，列车员拿来一份电报，是松根打来的，说落掉一班车，要我到国府津或御殿场等他会合。

从品川上来一位白制服军人模样的人。一位身穿罗纱小花纹和服的人和下女相向而坐。另有一位穿着轻纱羽织褂、坠着紫色穗子的汉子，手上戴着钻石戒指，似壮士的老板或者律师。正在讲述义太夫狂言故事。

我请伙计交涉退掉多余白板车票的事。在御殿场[2]车站找回三元九角六分钱，随后到一角的茶屋休息。三时零九分。一直等到五

① 伊豆半岛北部温泉町，有修禅寺。
② 当时丹那隧道尚未开通，东海岛线从国府津绕道富士山麓东南的御殿场转向三岛。然后再从三岛转大仁线前往修善寺。

时二十九分。御殿场五月一场大火几乎烧光了，房子虽然皆为新建，但都很粗糙。满眼只有“富士讲”[1]。但见西洋人进进出出。

在三岛等了四十分钟。到了大仁，没有一辆车子。好容易跑出了三辆，行李由货车搬运。途中下雨。见到车夫小腿。车前灯笼闪亮。灯笼不住旋转，灯光映照着路边的青草。其余黑暗。想是小河吧。黑暗的地方微微变淡了，连接着天空。黑暗之处不知是山是森林，是远是近。雨骤然而至。车夫下了帘子。蛙声一片。

到达菊屋分馆，没有客房厅，遂进入关子爵[2]所在的房间。乃崭新客房也。写着“西村家租赁”。今夜可暂居此。入浴。吃饭。耳闻暴雨之声。

八月七日（日） 雨声。打开挡雨窗，溪水哗哗。上厕无便。下浴池。混杂。花了好大工夫刮胡子。早饭。鸡蛋两个、汤汁一碗、米饭三两。饭后上厕，有便。

东洋城和掌柜的谈判，看来房子较为棘手。主馆倒是有一间。如今的房子，前边有山，后面也有山。躺下来，头顶山，脚蹬山。倒也是好房子，十铺席连着六铺席也。这座分馆二楼拐角的地方，昨日不知何时，入住了一位从品川乘火车来的军人。是海军少将。

碧云山峰一片明净。须臾下起雨来。听见卖糖人的笛声。

十时，转往本馆。被安排在三楼。过一会儿想想，还是回家或去别处为妙。决定十日再来谈判租赁新建的十铺席客房。

胃，不很正常。既不饱胀，也不疼痛，更不泛酸，但还是有几

---

① 译者注：崇信富士山和富士山神灵的民间讲社组织。
② 子爵关博直，旧备中新见藩主（一万八千石）。

分这样的感觉。睡得很好。醒来后心情多少好一些也。一直睡到五时才起。吃了一杯冰淇淋。想想，早饭之所以吃得多，是因为酱汤汁和紫菜等吃得太多的缘故。

日落。隔壁在唱观世流谣曲。再过去一间在弹奏三味线。三味线听的人多。我一个人在阅读詹姆斯的《多元的宇宙》[①]。莫知所云。

九时入寝。十时东洋城来。他说，殿下[②]现在正在休息。谈到十一时才回去。宫殿下在看《猫》。

八月八日（一） 雨。五时起。上厕无便。入浴。浴后胃发生痉挛。不堪忍受。十二时再度入浴。又发生痉挛。坚持吃完一碗饭。

隔壁房客外出了。唱《雨月》半部和《藤渡》半部。四时过，松根来接，借穿高齿木屐而去。七时许晚餐。所订之物，特地从本馆送来。从正午就有食欲。请松根制作含漱剂漱口。声音沙哑，喉咙和鼻子稍加温润，心情会好些。揩拭鼻涕。

殿下通过松根告诉我，想同我说说话儿。我既没有宽腿裤，也没有羽织褂，况且这副嗓音，听的人和说的人彼此都很痛苦，因而谢绝了。松根方面也不曾有这种惯例，所以，从一个随从者的责任来说，他还没有想到自己应该对殿下尽到这一点心思。

八时过，回来，服药。邻居唱谣曲，对面方可言说义太夫《弁庆上使》[③]之一半光景也。一个半小时后，入浴。回来，再服药。忽然发生胃痉挛。看来，大概热水不利于胃部。

---

① 威廉·詹姆斯（William James，1842—1910），美国哲学家、心理学家。
② 入住于菊屋本馆的北白川宫殿下，松根东洋城为其随从者。
③ 原名为《御所樱堀河夜袭》三段目。

半夜梦醒。胸闷难堪。

对于我来说，较之汤治，胃肠病院要好得多。身体丝毫感觉不到痛苦。万事顺达，心情愉快。大便也很有规律。

八月九日（二） 雨。听说伊豆铁道[①] 或许要停运了。

八月十日（三）

八月十一日（四）

八月十二日（五） 梦幻的生死中度日月。吐出一升胆汁和酸水之后，渐趋平复下来，仅靠冰水和牛奶养命。各种报知接连而至。东京传来洪水的消息。汤河原的旅馆被冲，宝物随洪水漂到远方。松根告诉妻子，要她随时做好准备，一旦接到我的病情的通报，立即赶来这里。这条约定，后来又打电报取消了。

半夜胃痛获得一息间歇，只为一时活着而延命，心情是痛苦的。没有一个人知道，纵然有人知道，也万万不可能为我做点什么。油汗自面部自脊背而出。

八月十三日（六） 今日天气依旧狂暴。邻居早些天本来说外出，为雨所阻，已经拖延两天了。原说今天一定出门，这番样子又将如何？

---

① 东海道线三岛站至大仁站的豆相铁道。现在通到修善寺，称为伊豆箱根铁道。

关上障子睡觉。

白天，葛汤、米糊、鸡蛋豆腐。

晚间，米糊一碗、生鱼片、葛粉膏。

我问下女今日几号，回答说多半是十四号，又说不太清楚。好自在也。我叫她自明天起去拿报纸。

听下女说，楼下八号房客，外出不知住在何处，洪水将至，老板叫他尽早逃往别墅，而他拥艺伎，醉卧温柔乡。四时许，如山崩地裂，眼见着被冲走了。逃走的房客也没有回东京，听说火车通三岛，所以先去三岛，然后再坐马车前来这里。

八月十四日（日） 终夜闻强雨之音。山声、树声、雨声，撼耳。直到三时，未能入眠。天明即醒。胃部不安。上厕排便。入浴。泛酸。痛苦。牛奶，煎蛋，米糊加早餐。食后心情闷郁。谣曲声声入耳。

八月十五日（一）

八月十六日（二） 痛苦不能写一字。

八月十七日（三）

八月十八日（四）

八月十九日（五） 为不忘这几日的事而写。

八月二十日（六） 四时已过。

十七日吐血，如熊胆之物。医者见之亦犯愁。

十八日东洋城来。今日报社和胃肠病院分别派一名职员和一名医生前来[①]。打电话告知，他们将乘十二时四十分的火车出发。

当晚二人到达。胃肠病院自大和堂打长途电话，通知报社，社内大吃一惊。

十九日再度吐血，然后用冰囊降温。安静疗法。硝酸银。

今晨好容易进牛奶五勺。汤五勺。两小时后，满胀痛苦。第三个小时服药，终于痊愈。正午时分，心情颇佳。冰依然。糖稀。嚼冰。

八月二十一日（日） 十九日吐血以后，滋养浣肠。食物只限流食。

昨日森成氏本该返京，但不见动静，继续停留于此。

但院长好意打来电报称，到达之后停留于当地，尽心看护。

昨夜玄耳乘末班火车来。他说，本来同池边商谈好了，任意派遣一些医生和运送一些医疗器械来。谁知来到一看，事情并非如此。据说因为不听医生之言也。

当初东洋城给家中妻子写信，督促她做好随时来的准备。然后又打电报，说等些时候。正在繁忙时，家里来长途电话，不知道是细君，问答十分仔细。后来才知道，是山田三良[②] 家的电话。

五时半，服硝酸银。

昨夕涩川带来一百五十元，不知何意。问妻，知是坂元的主意。

---

① 分别是东京朝日新闻社的坂元雪鸟和长与胃肠病院的森成麟造医师。

② 东大法科教授。山田夫人师事漱石，住在附近牛込弁天町。当时夏目家没有电话。

商量结果，作为一个月的薪水收下。

早餐，牛奶一合[①]，溏心蛋一个，糖稀三匙。

昨天早晨不堪冰囊之沉重。今日不觉得任何痛苦。

涩川乘十时四十分火车回。

弘法大师纪念日，四时开始放焰火。目录印成铅字。雷鸣、军旗、露牡丹。

八月二十二日（一） 快晴。牛奶一盒、米糊五勺、蛋黄一个。

昨夜边睡边观赏弘法大师纪念焰火。秋之景色也。

坂、森、妻，三人坐在廊缘上吃西瓜。

昨日松根不来。妃殿下晚上前往山庄。

家庭式的夜，在山庄饮酒。二时过后就寝。

东洋城归京。十二时许发。

尺八演奏家以及三味线还有舞女在楼下走廊里合奏。

坂元、森成，在后山采来七草。

高田早苗[②]投宿。

八月二十三日（二） 快晴。女郎花。野菊、男郎花、芒草、胡枝子、桔梗、紫玉（似藤子）。

嗳气的腥臭。又见出血。大便尤其呈血红色。

伙计拿来高田早苗氏名刺，我把自己的名字托付给坂元。高田氏开始唱谣曲。

---

① 十合为一升，约合 100 克。
② 高田早苗（1860—1938），历任《读卖新闻》主笔、国会议员和早稻田大学总长等职。

八月二十四日（三）（以下至九月七日，为夏目静所记）自早晨起，面色恶化。杉本副院长来这里，午后四时抵达大仁。诊察后，夜八时又突然吐血五百克。发生脑贫血，一时人事不省[①]。注射樟脑精十五克。讨厌的注射之后，稍稍有了生气，我想都不会持续到早晨。

给社里发电报，整夜没睡着觉。

八月二十五日（四） 早晨问病情如何，据说虽然很危险，但只要安静下来，或许会好转。杉本氏回京。

东京家里的东打来电话报告说，今天一大早，夏目兄、高田姐姐夫妇、三个孩子，还有高浜先生、野上先生、森田先生、中根伦先生，已经乘头班车赶来了。大冢先生将从大矶来。安倍先生也来。野村先生晚一班车来。

池边氏[②] 也来。

八月二十六日（五） 容态稍有好转。

探视者。奥村鹿太郎、“满铁”的山崎氏、铃木三重吉、春阳堂、汤浅廉孙、高田知一郎、菅虎雄、森卷吉，护士二人。春阳堂送点心盒。

八月二十七日（六） 病情无异状。

探视者。小宫丰隆、渡边和太郎。送香水和饼干。高尾忠坚早

---

① 八时半，五百克大吐血后，半小时人事不省。

② 来人有兄夏目直矩、姊房子及其夫高田庄吉，女儿笔子、恒子和荣子，内弟中根伦，还有高浜虚子、野上丰一郎、森田草平、大冢保治、安倍能成、野村传四和池边三山等。

稻田大学学生、早矢仕四郎原同校同学。奥村说，等你再稍微好些的时候，我再来看望你。说罢，未得见面就回去了。当时，孩子、哥哥、姐姐、伦和野村一起回去了。

八月二十八日（日） 容态无异状。

森成先生东京有事回去了。病院另派一位姓糠田的先生作为代理来了。

探视者。

小林郁、高须贺淳平、石井柏亭、行德二郎、野坚真纲。

八月二十九日（一） 晴。容态良好到如此程度，也就不用担心，大家都放心地回东京了。

大冢先生、菅先生、森先生、野上先生、小林先生、汤浅先生、野间先生。大仓书店寄来慰问信，附寄一小包点心。名古屋的铃木放心不下，要我每天打电报报告病情。并寄来慰问金二十五元。他还委托野上先生买一床毛毯给病人盖。

八月三十日（二） 晴。容态无异状。

糠田医师乘坐午后二时的火车返京，森成医师从东京来这里和他换班。一起返京的还有行德先生和高须贺先生。当晚，“满铁”的中村先生派山崎氏送来慰问金三百元。

八月三十一日（三） 晴。容态无异状。

听说从今日开始喂汤水，所以早晨托人买只鸡宰了，借来酒壶，把鸡放在里头，置于容器里，架在火钵上熬汤。傍晚，铃木自名古屋，送来两三天前已经做好的羽绒被褥。

九月一日（四） 晴。容态稍稍良好。

早稻田大学学生名叫小林修二郎的来访。中村先生的使者山崎君归。铃木午后亦归。托他在东京购买各种东西。傍晚，野间先生自东京来。

九月二日（五） 晴。容态无异状。

今日开始第三次喝汤汁。单单考虑吃饭一事。坂元君说七时许拉肚子，腹痛。做一只怀炉给他。夜九时，内丸君来。

九月三日（六） 雨。容态无异状。

内丸君乘坐早晨十时的火车返京。野间君也于午后二时乘火车返回鹿儿岛。

九月四日（日） 晴。容态同前。

晨九时许，汤浅君从东京返回。阿部次郎君午后来临。自山形沿归途经东京一路来这里。他说同病人说话就得喝酒，于是同小宫君二人喝了两瓶啤酒。汤浅君乘三时火车返回。

九月五日（一） 雨。容态渐渐好转。

阿部君和小宫君去散步，归途采集花草，制作插花。

九月六日（二） 晴。无异状。

今日十时，用食盐灌肠。四人扶起大便。少量排出。光着膀子用酒精擦背，换穿法兰绒衣服。草垫子上铺两床褥子，睡在上面。大家都很担心，但没有别的变化，非常放心。阿部君乘午后二时的火车归京。

九月七日（三） 雨。容态尚可。

今日坂元君乘头班车回返。请他把手提包带走。野上君当晚来，送我礼品。

九月八日（四）

别后梦依稀，天上银河横。

秋江频传打夯声。

秋风呵，红红的喉结。

红蜻蜓、燕子。

Languid stillness. weak state.painless.passivity①.

庇护。被庇护。

冰。

对于 Intellectuality indifference。对于 Self-assertion indifference。对于人事的纠葛 indifference。②

Goodness, peace, calmness. Out of struggle for existence. Material prosperity nature.③

① 慵懒的沉静。荏弱的状态。无痛苦。被动性。
② 对知性麻木，对自己主张麻木，对人事纠葛麻木。
③ 善、和平、稳静。从生存竞争里摆脱出来。物质的繁荣、自然。

Essen[①]、住宅，西洋和日本的悬隔。

反逆自然淘汰的疗治。由抚育小儿着手。两鬓斑白的人果真有接受此种看护的价值吗？

若叫我说，并不想死。只觉得可惜。

九月九日（五） 十一时到二时之间有加餐。冰淇淋不喜欢太冷。Pepton carnis 平均五十克左右。

正餐。炖鸡汤三十克、葛粉汤一百克，今日由五十克改为一百克。

冰淇淋器械，铃木送来。

吐血时注射吗啡，害怕再度呕吐。

九月十日（六） 昨晚和森成氏相约禁烟。今朝卧思，虽说不那么香甜，但既然是危害不算太大之物，没有必要禁止。平均饭后一支。

森成氏说，初诊时胃部功能失调。

最后吐血时，注射两次，维麦伦。

紫苑。精灵花。

无握钢笔之力。

白花胡枝子，自梅林来。

住院一个月半、修善寺一个月。不知今后还要待上几个月。可惜时间也。小宫说，权当是坐牢。

---

① 食物。

人越是珍惜时间越会有精力。

森成氏再次归京。

九月十一日（日） 十七日开始吃碱性饼干。

读孩子信。

九月十二日（一） 秋晴。边躺边仰望天空。刮胡子。

秋晴卧病日，仰天刮胡须。

秋空浅黄澄，杉林闻斧声。

昨夕大和堂来说，仰卧不动，其忍耐令人佩服。这样再不见好转，那就是医生的责任了。

不买羽绒被的道理。

九月十三日（二） 昨夜森成氏归来。羽绒枕头。盐濑麦芽糖。碱性饼干到达。

暗云层层。

依然用冰囊。

宫本叔氏。

杉本氏说，吐血乃医师之责任也。

昨日起，妻因头疼躺卧。

午餐汤汁由五十克增加到七十克。

秋雨潇潇，二弦琴和三味线合奏。

臼川归来。

四时许，森成医师突然叫我吃一块饼干。高兴事无限。

九月十四日（三） 一夜大雨。

垂老夜寒甚，病衰听雨音。

羁旅夜寒苦，情怀俗世心。

一夜醒来，枕头上见二三子。

潇潇闻夜雨，感君守病榻。

秋风频频来，日日入胃袋。

艺术的讨论和人生上的大道理，暂时厌恶了。

一竿风月，明窗净几。

心中充满此番趣味。

得句：

微雨当窗冷，一灯泄竹青。

风流往昔，怀恋纸衣。

体力日加。床上移动身体的力量，头颅滑落枕头的力量，自己十分清楚。

十一时给我半块真正的碱性饼干。据说是从东京寄来的。只有咸味，毫无甜味。

二兄皆早死。死时没有一根白发。余之两鬓渐白，尚系一缕之命。①

生残我耻愧，两鬓已白霜。

四时灌肠。

最后吐血一周后，第一次灌肠。今日隔两周第二次灌肠。不知宿便会不会出。

---

① 漱石长兄大助和次兄荣之助分别于1887年3月和6月，皆因肺结核病逝。

九月十五日（四） 秋雨锁山村。

昨日灌肠。脱便好成绩。

昨夜，东来。洪水照片图册。英国皇家艺术学院[①]。礼品。

早餐进汤汁百克。碱性饼干半块。

立秋宜素朴，伊予扎染蓝。

暴风吹骨立，寒气侵病体。

今朝梳头。

轻寒无镜漫梳头。

从昨夜起改用白毛毯。清爽惬意。

九月十六日（五） 暗雨将至。

昨夜吃米糊。甚难下咽。商讨改用饼干一事。但怎么也不答应我。

今早，终于取消冰囊。

观看《耕香馆光画胜》。想看《苏氏印谱》[②]。

凭借米糊、葛汤、糖稀的力量仰卧，静待衰弱之恢复，磨磨蹭蹭，百无聊赖。同时，心绪长闲，灵魂静美。年四十始得赤子之心。敢以此丹精敬谢诸人。

健全人的胃溃疡三周间可全治愈。我最后一次出血至今已三周。只不过好容易每日给吃半块饼干。

---

① 译者注：原文：Royal Academy of Arts，1768 年，英国国王乔治三世创立。

② 漱石藏书，光风楼书房 1909 年刊行。原名为《苏氏印略》，作者苏宣，字尔宣、啸民、朗公，号泗水，安徽歙县人。曾在文彭家设馆，得文彭亲手篆法，后得以纵览秦汉玺印，深得其妙。后由宗之者程远、何通等编纂为《苏氏印略》。

九月十七日（六） 小宫乘头班车回。雨。

安心安神静意静情。住居于此种繁忙人世之境地，乃至福也。病之赐也。

昨夜主人赠鲷一尾。祝贺摒除冰囊之心也。

刀落凉鲷死，鳞光射眼寒。

九月十八日（日） 秋晴澄澈。

昨夜十五夜，月色美丽。

昨夜东洋城归京之途次过此。

送九云堂[①] 探视杯，绘有虞美人草图。一枝花户部花插，此乃本人礼物也。

当地众多不认识的人，都在担心我的病体。实可难得之事也。京都某理发师，悬挂余之小照。一位名曰金之助[②] 的艺伎，亦为我的读者。据东洋城说。

他还说，宫殿下向我问好。

今日体力将会恢复。到明日,就会产生 illusion[③] 。今天总觉得踏实些。到明日，就会产生 illusion。

今早，获得一块碱性饼干。谈不上好吃。

病中幻想食谱之类，略好后再看，实在有些无聊。

午饭时起稍有恢复，始食粥半碗。想到恢复中的颓唐，粥的味道随之半减也。我等竟如此疲惫，实可叹也。

---

① 京都祇园陶瓷店。
② 京都祇园艺伎，本名梅苑绢。
③ 译者注：幻想，错觉。

一等军医正矢岛氏、伊东也都跟着来探视了。森氏[①]之命令也。

病日帘栊疏，一只秋蝶入。

晚上，吃了一百克燕麦片，十分香甜。

熬汤一百克。

鸡蛋羹、豆馅一百克。

九月十九日（一） 晴。

昨夜赏月，妻从宿舍拿栗子等来。简直没想到，已经有栗子了。

病中露繁降，白花胡枝子。

花朵凋落，有人从后山采来。当时，森成医师大都在一起。女郎花、芒草、桔梗、野菊，好多都像刺儿菜。

昨夜，稍读臼川送的《宇治物语》[②]。少少读一下，就变得糊涂起来。

瓶中插的芒草叶上，不知何时趴着一只蟋蟀。随风摇呀摇的。

白天，心神恍惚，情思遥远。生来从未如此恣意放纵暇怀。莫非衰弱之结果吗？夜间反而睡不稳，时常醒来。昨夜静待修禅寺大鼓响声。

蜻蜓入梦中，几度过桩头。

蜻蜓徒留连，羽翅放金光。

命相苦留处，飘飘细又薄。

九月二十日（二） 夜来的雨。时时梦醒。

---

① 森鸥外（1862—1922），当时为陆军军医总监（中将军衔）、陆军省医务局长。
② 镰仓时代说话集《宇治拾遗物语》。

大风鸣万木，山雨摇高楼。

病骨稜如剑，一灯青欲愁。[①]

东说，先生一副苍白的面色，只顾想着吃的东西，实在可笑。昨日要求停止吃汤，希望增添燕麦片或米粥，遭拒绝。

零食吃牛奶、轮盘饼干。简直赤子也。

粥糊端到嘴边喂，正是赤子也。

身比佛陀瘦，可怜如意花。

昨夜两次向护士打听时间。前一次是四时差十分，后一次是五时差一刻。知道修禅寺的大鼓自五时许开始敲响。

自昨夜起，将病前读了一半的内容艰深的书籍，边睡边稍稍读一些，头脑倒和病前无差异。然而，重新起来坐在马桶上，却成为世上一桩大事，颇为困难。如此衰弱之人，如何能阅读哲学类书籍，此种想法亦属奇怪。将此事告诸妻子，她对我说："你这两天身子不好，但头脑清楚得很，弄得大家无法招架。"

《苏氏印略》来了。虽云有趣，可读部分极少。

雨中，理发师来，剃须。

胸、肩、脊，触之，坑坑洼洼。

欲购《南画踪》，因过于豪奢，故踌躇。对妻表明，妻说：买。

九月二十一日（三） 昨夜始感如普通人睡眠。节节疼痛，因柔弱之故也，体力恢复之故也？

虫鸣远近夜，病卧静息心。

---

① 据吉川幸次郎《漱石诗注》（岩波新书，下同），经推敲，日记中的"大风"改为"秋风"，"摇"改为"撼"。

冷然听三味，难耐五更寒。

亘月病残体，旅中逢菊花。

欲起不得起，枕边待菊花。[①]

早餐燕麦片百克，碱性饼干一块，汤同前。

昨日，宫本博士[②]来诊报告。择日未定。博士后来说，他仅出于一度想见我之缘由。听说额田先生来，也是想看一眼漱石此人长什么模样儿。

玄耳送《醉古堂剑扫》[③]和《列仙传》来。（通读《苏氏印略》一卷之时也。）

飒爽的秋风自廊边吹入。

好爽快。生失之九仞，命系之一篑，可喜也。

重生心内喜，欣然度菊秋。

远方传来“拍瓦”之声。

夜半，鱼跃于池中。水，有时注池，如今尚不得见此状。

养其无象，象故长存。守其无体也。故全真全真相济可以长生。天得其真，故长；地得其真，故久；人得其真，故寿。

（长生诠）出自《洞古经》？

（出自《大通经》？）

静为之性，心在其中矣。动为之心，性在其中矣。心生性灭，心灭性生。现如空无象，湛然圆满。

---

① 译者注：这两首俳句中的“菊花”是指代皇族人员（日本皇家人与物皆以菊花为象征），这里则指北白川殿下。

② 宫本叔（1867—1919），医学博士。当时为官立永乐病院院长，作俳句，号鼠禅。

③ 清陆珩编纂的名言名句集。

九月二十二日（四） 秋冷。昨夜依然没睡好。

圆觉曾参文字禅，

眉毛今日着前缘。

青山不拒庸人骨，

却下九原月在天。[①]

菊花使云黄昏至。

九月二十三日（五） 昨日咽喉疼。湿布。

妻买桑木烟盒来，听说两元五角。桑木陈腐。还有一只樟木的，若可以想换一下。松瘤制作的六元左右，很漂亮。只是整体不很透明，且喜欢圆盘。妻也说，若有就换一个。于是决定叫她找找外头。

粥也好吃。饼干也好吃。燕麦片也好吃。人吃饭香甜是幸福。还有，被人照顾，连洗脸都由别人操办。拉屎排尿自然也由人家照料。这些不值得庆幸，还有什么事值得庆幸？医生一人、护士二人、妻子之外还有一个随员，留守于疗养地，乃华族家庭之豪奢也。

昨天终日雨。午前读詹姆斯讲稿[②]。挺有趣。反复研读《苏氏印略》。颇有兴味。读会话本，亦有趣。

昨日，听雨。夜亦未停。

范赖[③] 墓陵湿，正逢秋雨时。

菊花作门牌，见之似左京。

午前读完詹姆斯，感觉读了一本好书。

---

① 后经作者改订为：圆觉曾参棒喝禅 / 瞎儿（katuji，“活字”）何处触机缘 / 青山不拒庸人骨 / 回首九原月在天。

② 指前面出现的《多元的宇宙》。

③ 源范赖，助兄赖朝举兵，破木曾义仲与平家。为赖朝所疑，被杀于修善寺。

昨夜，热度三十七度一分。因轻微的气管炎侵犯右方所致。禁止露手臂读书。

（病后对镜）暴洪方退去，无色茄子纹。

出家时，花木店的秧苗繁殖的鸡头，已经长到三四寸了。不知现在有多长了。当时，芭蕉的叶荫里，一种名曰“花隐元”的植物也开了。

花木店的这株鸡头叫做万代红，你或许以为是雁来红，弄错了，其实不是。雁来红有斑点，这花一抹红艳。

小院菜花田，红桃一树开。

秋浅阁楼上，一人小雨中。

四时过，便通，近寻常色。醒后稍卧，略作休憩。坐起，将双腿从病榻上放下来，休息一会儿，最后坐在便器上。手臂稍有些力气，双腿完全萎缩，犹如无腰椎之人。衰弱至极。

九月二十四日（六）

秋浅阁楼上，一人小雨中。

活着望高空，款款红蜻蜓。

今日该给些新鲜的生鱼片吃了。生鱼片也没啥金贵的。

昨夜右腿骨疼醒了。没有肌肉，只靠骨头负载两条腿也。还有，臀部疼痛，双手麻痹，睡眠易醒。

昨夜吐痰三四次，每一次护士都起来照顾。

今晚，观光团乘特别列车拥来这里。此外，宫本叔氏和杉本氏也来访。

蓼花笼鹤影，长穗系落日。

午饭后，剃须、梳头、脱粪、换衣服。盖上坂元拿来的新毛毯。天气清澄。坂元昨夜抵昭津，今早乘头班车来。大节日和星期日相重叠也。

晨，读 Croce 的《美学》[①]。

一山秋色青如竹。

四时许，楚人冠[②]至。同观光团一起也。火车一元多，马车八角五分，马车比火车便宜一毛多钱也。

饥饿，向森成氏叫苦。拒绝。

九月二十五日（日） 阴。昨日为观光团终夜纷扰。依旧睡不着觉。浴场彻夜人流不断。早晨摸黑洗脸，夜半下女传来笑声。黎明又传来下女的声音。想想，下女还没有就寝呢。

昨夜，宫本、杉本二氏来诊。十时许吃饭。医师亦很难过上有规律的生活。再说还有观光团，恐怕也难于安睡。

风流人未死，病里领清闲。

日日山中事，朝朝见碧山。

宫本氏说，再有两周，即可回京。或者二十天可实现。凭诊断结果。该氏和杉本氏午时归返。坂元也同时返京。

欣然回故里，正当菊花时。

午饭给四片鲷鱼片。平素不怎么喜欢吃生鱼片，但吃起来依旧很香甜。碱性饼干蘸水涂上盐，焙一焙吃。这也很可口。

---

① 贝奈戴托·克罗齐（Benedetto Croce，1866—1952），意大利哲学家。漱石藏书中，有此书的英译本。

② 杉村楚人冠（1872—1945），随笔家、评论家。东京朝日新闻记者，伦敦特派员，连载《大英游记》，以文笔享誉报界。后成为该报重镇。

昨日加入观光团探病的畔柳、冈田二人，十一时来说，他们要离开了。

病体沉静秋空晴。

大摆菊花宴，下人显神通。

午后一时，楚人冠离去。

临行多叮嘱，珍重守秋时。

二时起，酷暑，蝉鸣。

读 Croce，甚疲。

无言之玄境。放恣之安静。无努力之想象（如云出岫，起而自然消）。无抵抗之放任。无目的之静卧。安于消极之倦怠。悠悠之精神。无挂碍之活动。不太令人苦恼的想象。无义务的脑的作用。

九月二十六日（一） 昨晚开始坐起来吃饭，躺着看世界和竖着看天地就是不一样。吃饭香，晚上有精神。听妻子讲述昏迷中的情况。昏迷中仍在吐血，留在妻子的肩膀上。那时候，半小时打了十六针。坂元颤抖着，不时鼓励妻子："夫人，您要挺住啊！"打电报，手哆嗦得写不了字。我所看见的吐血只是一小部分。看样子，当时是相当危险的。直到今天，我一直认为，那样的吐血能致人一死，有些不可思议。

一个人吐出三分之一的血就陷入昏睡，吐出三分之二就会死亡。

昨夜吃了药，睡得比较安稳（到四时），然而始终在做梦。和尚朋友说他到睿山之麓去吃乌冬面，一小时之内就回来了。于是，全天下再也没有比乌冬更好吃的东西了。

早晨，开始坐起来洗脸，梳头。心情很好。

最初在床上起坐时，一直躺着看到的世界，竖起来看觉得很新鲜。

竖看多新鲜，秋山在眼前。

坐观天下秋，费我两月目。

当时，松荫下看百日红残红，花开良久。咕咚一声倒在床上之前，已经开放。

病症转向轻快。眼下更不堪恋慕病中之情。复原后又如此宽容，无stress（压力）之生涯，尽自己所喜欢的心情，自早至晚，服务于自己周围，费尽全部热情，亲切的社会人、熟人和朋友，还有雇用我的人的宽大容忍。所有这些皆化作一朝梦幻而消泯殆尽，只剩下坚如钢铁的世界和打磨得光亮澄澈的意志，以及必须战斗到底的社会。今日的幸福，我一天也不想抛弃。

切实考虑一下，希望的三分之二在于物质状况。重要的是需要钱。

不用说，就寝者的天地只限于床上。然而，我病重时的天地，仅限于被褥上的一小部分。放腿之处，脊背接触之处，腰臀所占之处。其他无心再有别的领域。病弱甚剧，不易转动之故也。即使小小枕头，也分为我属或非我属领域。转动头颅，亦属不易。

病床无聊，听妻讲述吐血时的情景，有的令人栗然。向各方打了危笃电报。妻五六日未吃任何东西。森成医生也是四五天几乎没有吃饭，没有休息。回头想想，仿佛走钢丝度深谷一般。

呼叫护士时，杉本医师必须很快到达才能来得及。据妻说，吐血后一周，处于最危险时期，杉本医生归去期间要是再来一次吐血，那就没救了。

九月二十七日（二） 阴。从床上起来，洗脸，吃饭。

昨夜没睡好。睡着必做梦。然而，睡觉却是最大乐事。

不眠之夜。

灯亮室明夜漫长。

午时，腹肌。几乎不能坐起。饭后疲惫，熟睡三十分钟。服药时，由护士扶起。

妻君、森成医生和东，似乎去朝日瀑了。午院闲寂。

服装店送来雁皮纸布和丝绵布。丝绵布乃伊豆大岛产也。雅质雅色。

三人自观音寺回来。向庙祝索要菊花（给钱）。

庙祝索菊花，付得几多钱。

无力骨如柴，赐我秋令粥。

佳竹刻我名，天长又地久。

读《苏氏印谱》，观幽竹华露。

范赖墓的守陵人也种花，说下回也到那里要一些菊花来。

寥落植秋草，清寂独守陵。

九月二十八日（三） 阴。昨夜仍不眠。而双眼未睁。迷迷糊糊至天明也。

秋蚊欲蛰天将曙。

秋蚊（蛰我）天已曙。

赖家[1] 古来栗子味。

---

① 源赖家，镰仓幕府第二代将军，赖朝长子。除北条氏被流放于修善寺，为北条时政所杀。

我自卧病后，香鱼体渐长。

体寒全赖君之情。

九月二十八日（三） 昨日昨夜便通二次。一次送往胃肠病院。

夜间安睡，眼未睁即醒。

桔梗、菊、紫菀。桔梗浓丽，鼓胀。紫菀高而大，似薄紫菊花之婆娑。

未贫秋笺到枕边。

九月二十九日（四）

仰卧人如哑，默然对大空。

大空云不动，终日杳相同。①

昨日也剃须。赖细君提醒。起初，剃完下巴颏后，颇觉可惜。

将近归京日，菊花黄矣哉。

晚上吃煎鸡蛋。

九月三十日（五） 阴。睡意渐浓。

东京回信。两日前寄送的便检未发现混血。昨夜饮橄榄油约十克。此油有抑酸之功、止痛之功、平滑幽门出口之功，以及滋养之功。某病人注射四十针，药液皆用橄榄油溶解，身体大有恢复。

十月一日（六）

稻香月改病心愁。

① 定稿为：仰卧人如哑，默然见大空。大空云不动，终日杳相同。

日似三春永，心随野水空，

床头花一片，闲落小眠中。

购得《清六家诗抄》[①]《唐贤诗集》《宋元明诗集》。

名古屋铃木来。

中午，吃鲷鱼汤。

十月二日（日） 夜不能寐。护士扶助小便。三时半。睡即多梦。梦即猝醒。黎明开门时的心情。

天河消隐梦恍惚。

梦拥银河白露流，

夜分形影一灯愁。

旗亭病近修禅寺，

听到晨钟早上秋。[②]

初闻百舌。

华屋近丛林，欣闻百舌声。

归去心中喜，梧桐尚青青。

雨仍未歇。细雨也。

午前，云晴，日出。依旧蝉声凄凄。

细君、东、森成，似乎到哪里去了，看不到人，听不到声。后院。(二十一日绝食)

当归我未归，今月至今宵。

---

① 同《国朝六家诗抄》。清刘执玉选康熙年间六诗人名作编纂而成。

② 定稿为：梦绕星潢泫露幽，夜分形影暗灯愁。旗亭病近修禅寺，一榥疏钟已九秋。

十月三日（一） 阴。说是初秋又像夏末，说是夏末又像初秋。柿子也大都红了。栗子炸裂。稻子半黄。

日光出云隙，薄薄一页纸。

小宫每天寄绘画明信片来。在歌麿的浮世绘上写着：想做这样的人，想看扮演他的戏剧。东拉西扯，胡说一通。

臼川也寄来自作的明信片。是套色的能乐剧素描，《松风》《钵木》《山姥》等。也有附上文字的。甚精美。

昨夜，吃煮鲷鱼。

十月四日（二） 阴。带雨。昨夜，听尽雨滴千万点。睡眠状态渐渐接近平生。

昨日更换瓶花。波斯菊、菊花和野菊中间呈黄色者，乃东君携来也。

支气管炎渐愈。

昨日，妻洗发。

前头写下：残骸那堪盛芳春。

病体渐复苏，恰逢秋夜长。

骨上浸春雨，恰如粥米味。

大米由东京送来。

这里多鹡鸰。

鹡鸰排白粪，沾满小松枝。

松滴露。滴露为女松。降下是秋雨。

一旦上床眠，鹨无粟米兴。

因气管炎而禁止揩拭身体，皮肤粗糙，触之不像人的肌肤。仿佛拔毛鸡。

苦守残病躯，一身鸡皮肌。

正午，打开障子门，晴空澄澈，久不见也。揩拭身子，汗垢纷纷凋落。换睡衣。心情爽适。不久，腹饥，汗出。

夜思朝食，朝思昼食，昼思夕食。民以食为天，这句谚语非常适合。我未有若其上者。自然很好创造了人，我如今活着只考虑吃饭。

万事休时一息回，余生岂忍比残灰。

风过梧叶动秋去，露滴竹根沉翠来。

漫道山中三月滞，讵知门外一蹊开。

归期勿后黄花节，恐有雁声落旧苔。[①]

十月五日（三） 晴，稍寒。眠中无事，几乎接近平生。

淋漓鲜血腹中文，呕照黄昏漾绮纹，

入夜通身浑是骨，卧床如石梦寒云。[②]

蔬菜最贵时节。一份腌菠菜两角五分。鸡肉很贵。一百目[③] 八九角。我每天喝三百目鸡汤，每天花销两三元也。可惊。

十一日回归。这之前，再次致信东京，要求复查。

寒冷屋瓦上，远近鸟儿飞。

十月六日（四） 快晴。心情快活。昨夜睡眠安稳。

---

① 定稿为：万事休时一息回，余生岂忍比残灰。风过古涧秋声起，日落幽篁暝色来。漫道山中三月滞，讵知门外一天开。归期勿后黄花节，恐有羁魂梦旧苔。第三、四句做了较大改变。第六句从“一蹊”改为“一天”别有深意。

② 定稿为：淋漓绛血腹中文，呕照黄昏漾绮纹，入夜空疑身是骨，卧床如石梦寒云。

③ 百目（monme），重量单位，一百目约合七百五十克。

夜寒人静卧，寂寞听水声。

昨日森成医生去似乎叫做田山入道的城迹，归途带来一种名为“木通果”的植物果实。仿佛褪了色的小茄子坠在葡萄蔓子上。颇美味。还采了好多女郎花和野菊花。

黄色的茎上开着蓝花，非比寻常。野菊映沙壁，似暗处簇簇星辰。

墙壁与野菊，相照两辉煌。

可叹木通果，鸟啄半凋残。

昨日读巴林[①]《俄国文学》。前天读完《现今哲学》。

天下自多事，被吹天下风。

高秋知鬓白，衰病梦颜红。

怀友雁无到，读书道不穷。

瘠躯犹裹骨，慎勿妄磨砻。[②]

十月七日（五） 快晴。安眠同常人。

晨起驱寒气，击鼓五十棒。

镜中人已老，呕血骨犹存。

病起期何日，夕阳复一村。[③]

十月八日（六）

算起来，后天该回归东京了。既可庆，又可厌。既想回，又不想回。现状若不太苦，是不大愿意改变的。

---

① 莫里斯·巴林（Maurice Baring，1874—1945），英国作家。

② 定稿为：天下自多事，被吹天下风。高秋悲鬓白，衰病梦颜红。送鸟天无尽，看云道不穷。残存吾骨贵，慎勿妄磨砻。

③ 定稿为：伤心秋已到，呕血骨犹存。病起期何日，夕阳还一村。

额头渐渐显露血色。

十月九日（日） 雨蒙蒙。朝食。床上坐起，眺望庭院，百日红虽然尚留些微残红，但已经变黄。

小雨愔愔降，百日红先黄。

昨日护士站在后院的廊缘上说，那颗柚子变黄了。后天是回东京的日子

病程太久长，柚子已发黄。

东拿来养活的波斯菊。波斯菊好似敢干倮子，东问为什么会这样。你问为什么，我也没办法。——我回答。花瓶后面有镶银的棚架和镶金的棚架，下银上金。中间是砂壁。砂壁正中点缀红白花卉，相映生辉。叶的部分青青地映射在银纸上。

十月十日（一） 阴。

昨夜，请来拼花木匠各方看了看。买三个箱子。皆妇人趣味。买木通果盒子。定做的樟木烟盘烟盒，前天也送来了。

明天就可以回东京了，甚高兴。

客梦回时一鸟鸣，

夜来山雨晓来晴。

孤峰顶上孤松色，

早映红暾郁郁明。

腰腿站不起，俨然稻草人。

昨夜商量购礼品一事。一旦实行起来，这里那里都得照顾到，很够呛。细君的意思是，尽量买一些画片，以及修善寺糖果和柚子

羊羹之类，就可以打发了。我说，那样也好。

买了神代杉木画文库和木通果篮子，再加上送给池边、涩川两氏的桑木砚箱，以及送给坂元的绉绸腰带。

病骨仅一把，稻草人世界。

扶起假人足（下无文字）

十月十一日（二）眼看就到回归的一天了。雨蒙蒙。人人望天。整理行李。九时出发。

甜鲷鱼头，两碗粥，一碗米糊。

雨中乘马车。照众人想法，坐在一个类似雪橇的东西里下二楼。再直接抬上马车。浴客们皆出来观看。雪橇用白布遮蔽。一如我首次葬礼。

冒雨抵大仁。两月后始得见户外风景。雨中亦乐。入目皆新鲜。稻色尤为惹眼。竹林、松山、岩石、木槿、荞麦、柿子、芒草、曼珠沙华、射干……悉数愉快。山山少许点缀红叶。但愿秋天再来。

于大仁，菊店老板，还有掌柜。掌柜带领四个人赶到三岛来，好不容易乘上火车。没有人力，必然误车。包下一等车厢。九人折算六人份儿，二十二元多。东洋城从神奈川上车。楚人冠从大森上车。众人在新桥站接车。稍感惊讶。立即上担架。对一般人投以注目礼。后来听说，不认识的人很多。在钓台入病院。黑暗中四面看不分明。

住院如回故乡。较之修善寺安静。谢绝探望，悬挂医务局的牌子。等着重新涂墙和更换榻榻米。山本医生确实说过这话。安心地睡吧，哪里还顾及电车轰鸣。

终夜雨。

明治的终焉日记

明治四十五年六月十日至大正元年八月一日

明治四十五年·大正元年（1912）

六月十日（一） 观看行启能乐剧[①]。在场的有山县[②]、松方[③] 等元老以及乃木[④] 氏等。

陛下、殿下态度谨慎，最值得敬爱。与此相反，陪观的臣民等实在无识无礼。

（一）就座后犹如看稀奇一般，老是紧盯着陛下、殿下的脸看。

（二）演出中若妄自离席必造成混乱。但皇族们一直肃静地坐在椅子上。音乐会非常高雅。（不过，演出中因为没有任何安排，连几十分钟休息也没有，故而人们随便离席。这是能乐会考虑不周的

---

① 明治四十五年（1912 年）六月十日，由北白川宫成久殿下与其妃殿下主办、在九段能乐堂上演的能乐剧目。

② 山县有朋（1838—1922），陆军大将，元帅。枢密院议长。元老。

③ 松方正义（1835—1924），历任藏相、首相。元老。

④ 乃木希典（1849—1912），陆军大将，学习院院长。明治天皇当日大葬时夫妇为之殉死。

地方。）

（三）陛下殿下皆静肃观看能乐，臣民们却于殿下、陛下离席咫尺之地高声谈笑。

所见回归之处，汽车司机、人力车夫和马车，络绎不绝。这些不辨礼仪之徒，本该属于日本上流社会。竟如此没有出息。

皇后陛下、皇太子殿下可以吸烟，但是我们禁烟也。这件事本该先由陛下、殿下主动照顾我等臣民才是。假如以为自身吸烟无碍，那么对我等臣民也应容许具有同等的自由。有的人将烟草装进烟管，点上火呈献圣上，那场景看一眼就觉得半边肚子疼。若不是死人或残废，就不该叫人干这类事情。将香烟点上火，装进烟管，对于健康的人来说，又能花多少劳力？当着臣民们的面，毫无顾忌地使人干出此等愚劣之事，那是多么寒碜！理应直言加以劝阻。难道宫内省的人对此等事毫无觉察吗？即便有想法也不好意思说出口吧？这事实在令人不解。

（四）帝国之臣民，如果提起陛下、殿下，只要使用极端郑重的语言就行了。如此敬爱之至，反而似乎令人难解。言语少有放纵，立即以不敬事件问罪，那么真正“大不敬”的人，又该怎样考虑？这也是很愚蠢的事。

（五）皇室并非神的集合。易于亲近方能赢得我等同情，获得敬爱之念。这才是最坚固之方法也。这才是最长久之方法也。

政府及宫内官吏的做法若有所失当，皇室就会渐渐自逞威风。不过，同时也就渐渐远离臣民之心。

新曰：初登舞台时，十分投入，一概不顾观众的表情和自己的动作。次数渐渐多了，观众的脸部和样子看得很清楚。然而，同时更加在意他们的动作。最后，虽然看得明白，但他们逐渐从眼中消失了。新时常坦白自己很胆小。他曾说过地震时从屋顶和窗户里跳下来。但一到舞台上，即使打雷，也在所不顾。

雨晴天一碧，水暖柳西东，
爱见衡门下，明明白地风。

六月十六日（日） 前往市村座[①]剧团。

六月二十二日（六） 畔柳芥舟，依据佳例，携乡里樱桃送我。

六月二十三日（日） 中村是公、爱久泽直哉来。二时过，乘汽车前往向岛，访问露伴、清香的香浮园。然后参观掘切的菖蒲，至东五轩町而归。不到六时也。接着，去筑地的瓢家，之后，再由芝地的是公家返回牛込。十时半也。因为乘汽车，才会有这等事情。

芳菲看渐饶，韶景荡诗情，
却愧丹青技，春风描不成。

高梧能宿露，疏竹不藏秋，
静坐团蒲上，寥寥似在舟。

① 江户三座之一。明治二十五年（1892 年），自浅草猿若町迁移到下谷二长町（现在台东区）。赵和七年（1932）烧毁。

六月二十九日（六）、三十日（日）、七月一日（一） 镰仓。

进入江之岛的岩屋。面前是一座桥，男女二人在退潮后的岩石上到处寻找着什么。回去时只看到他们的蝙蝠伞、布袜子、草鞋和行李，没有见到他们的身影。莫非投水了，想到这里，感到有些不安。在桥上稍微走了一段，发现他们仍在拼命找东西。原来，他们的身影被岩石挡住了。

某位跟班的[1]，出差前在茶屋预订个良家业余，老板娘满口答应，还给看了照片。其中一位正是自己的妻子。老板娘说，这位小娘子只有在某日至某日期间才可以。跟班的心中一合计，那几天正好是自己出差的日子。

镰仓别墅的篱笆墙中的珊瑚树很多。像交趾木的叶子一般厚实而富有光泽。看来很合乎地气，所以发育良好。也有的很高大。八幡境内莲池的柳荫下有一株，细致而焦茶色的光明寺境内（材木座），有开祖记主禅师手植的白檀，一棵很珍贵的树木。

自北侧的庭院望茂子[2] 的别墅，具有京都一带古刹之趣。所不一样的仅有一些地方少少交杂着家庭趣味。南侧颇不带时代色彩。

鲍鱼一百目二角钱也，两个三百五十目故相当于七角钱也。荣螺、小鲍鱼，加一条章鱼（五钱），花一元买下。篮子颇重。

绿云高几尺，叶叶叠清阴，

雨过更成趣，蜗牛陟翠岑。

---

① 原文作“腰弁”，即下级官吏，意思是腰间别个便当上班。
② 杉山茂丸（1864—1935），实业家。以政界的黑幕而知名。

七月十三日（六）（?） 应临风[①]、大观[②] 二人之招，赴下谷伊予纹[③]。

七月二十日（六） 晚，拿到一份天子重患《号外》，报道因尿毒症处于昏睡状态。"开河仪式"[④] 故而叫停。天子未崩，没有必要禁止庆祝开河。细民因此等事多有困惑。当局者无常识令人不解。演剧及其他活动是否停住，亦闹得不亦乐乎。天子的病值得万臣同情，然而，万民的营业只要不直接有害于天子的病，就应该照旧进行。当局不应对此横加干涉。倘若具有出自臣民之衷心的谨敬之意而随便停止营业，此种做法也很随意，自不待论；事情并非如此，而是害怕当局之权，害怕看热闹人群的喊叫而叫停正常的营业，表面上似乎对皇室忠诚钦敬，一往情深，实际上无异于忌恨皇室，内藏不平。这就等于在冥冥之中，酿制一种产生可怖结果的原由。（既然不是突发的骚乱，臣民亦应泰然为之；当局亦应泰然处之。）翻开报纸，只见他们异口同声地说："都下阒寂如灭火。"一边妄自盲目消火；一边吹嘘自然之态势如火灭。这不是在歌颂天子之德，反而是伤害其德之恶行也。

七月二十一日（日） 将孩子送往镰仓，乘火车一站路下，进入营家。从二楼看海。顿生凉意。同主人论书。观何绍基书。午后，

---

① 笹川临风（1870—1949），历史学家、俳人。历任明治大学、东洋大学、驹泽大学教授。著有《东山时代的美术》。
② 横山大观（1868—1958），画家。与冈仓天心共创日本美术院。于水墨画别开生面，获第一次文学勋章。
③ 当时下谷区（台东区）同朋町一家著名割烹店。
④ 旧历六月的水神节。江户时代，于隅田川两国桥举办焰火晚会。

前往孩子所在之地。名叫材木座[①] 红之谷。是一处远比想象更加污秽的房子。夏季两个月，花四十日元就可以了。面对庭院有田地，田野的远方有山岭。躺在床上，可以看到大松树。这个地方甚好。只是房子的建筑难以令人赞赏。尤其像东京新开拓地的劣等出租住房。

七月二十二日（一） 走到海滨[②] 一看，只见住在海滨院里的外国人泡在海水里。女人用红色或水蓝色手巾般的东西裹着头，穿着齐膝的和服。归来乘四时五十余分的火车。落雨。在东洋轩[③] 分店用晚餐。租车。两辆，一日元零八角。电闪雷鸣。

七月二十三日（二） 是公突然来访。相约吃晚饭。即前往筑堤地的山口[④]。见到了御信、占子、御潮、小露等艺伎的面。此外，还被一名自称六兵卫君的艺伎强迫听其讲了金神菩萨的讲释，成为她的信徒。这位六兵卫乃松前（北海道）所产。言谈中夹有方言。

大观赠画，索余书。无奈，作诗谢之。诗先成。

独坐空斋里　丹青引兴长

大观居士赠　圆觉道人[⑤] 藏

野水辞君巷　闲云入我堂

徂徕随所澹　主宰自然乡

---

①《行人》第 29 章开头有“一郎和 H 君进入名叫后红之谷的别墅”的句子。是一处超出想象的污秽的房子。

② 被写入《心》上部第 2 章。

③ 东京的西餐店。

④ 当时坐落于京桥区（现在中央区）筑地三丁目的交际场所。

⑤ 译者注：漱石自称。

流山的秋元梧楼，将出版尚未入馆的《明治百家短册帖》，属余作序，不听。回信附之以诗。

云笺有响墨痕斜

好句谁书草底蛇

九十九人浑是锦

集将春色到吾家

曰百人为九十九人，除余之外也。窃以为余之短册乃无实际之物也。九十九人亦非谦逊。言其事实也。

七月三十日（二） 午前零时四十分，陛下崩御之旨公示。同时举行践祚仪式。

七月三十一日（三） 颁发改元诏书。

朕以非德承大统，告祖宗之灵，行万机之政。于此，遵

先帝之定制，改明治四十五年七月三十日以后为大正元年。主者施行。

御名　玉玺

明治四十五年七月三十日

右乃据《公羊传》“君子大居正”、《易经》“大亨以正天之道也”之语。

先帝之御谥号

明治天皇

朝见式诏敕

朕俄遭大丧，哀痛至极。但皇位一日不可旷，国政须臾不可废，朕兹行践祚之式。顾以先帝睿明之资，膺维新之运，亲万机之政，振刷内治，伸张外交，制大宪，昭祖训；颁典礼，抚苍生。敷文教，整武备，庶绩咸熙，以扬国威。其盛德鸿业，万民具仰，列邦共视。

前古所未曾有也。朕今践万世一系之帝位，继承统治之大权。遵祖宗之宏谟，本宪法之条章，以此无愆于行使，以期不使先帝之遗业失坠。有司须以尽先帝之所以事朕，臣民或应和衷协同，以致忠诚。尔等应克体朕之意，奖顺朕之事。

大正元年七月三十一日　斋藤海军大臣及上原陆军大臣[①] 应招于宫中，赐予下列诏敕：

朕于此嗣大统，承列圣之遗烈，方践其万世一系之帝祚，特告朕所亲爱之陆海军人。惟皇考对汝等所训喻军人之精神五条，当示以一诚而贯之。汝等军人夙夜奉体此圣训，经累次征战，宣扬国威，以皇基恢宏而翼成旷古之伟勋。朕念其所统率之军队，即皇考给以慈育爱抚之军队，遂信倚汝等军人之忠勇，绍述皇考之遗业，倍倍显彰皇国之光威，冀增进亿兆之福祉。汝等军人当遵皇考之遗训，以直以此效朕之躬，渐渐巩固奉公之志，慎思索之选，鉴宇内之大事，伴时世之进运，拮据励精，各竭其本分，当举以朕股肱之实，以期扶翼皇谟。

陆军大臣的奉答文：

---

① 斋藤实（1858—1936），第二次西园寺内阁的海相，上原勇作（1856—1933），同时期陆相。

蒙赐予优渥之敕论，不胜感激之至。臣鞠躬尽瘁，誓期副奉睿旨。

海军大臣的奉答：

陛下方登极，特赐予陆海军人优渥之敕，臣等不胜感激之至。誓期副奉睿旨。

代表海军军人谨奉答。

对于朝见式敕语，西园寺首相的奉答：

臣公望诚惶诚恐，伏言。

大行天皇奄已登遐，臣民忧惧，不知所措。今

睿圣文武天皇陛下，承继大统，即垂彝训。圣猷远虑，睿图无遗。上继

先帝鸿业，循宪法条章；下奖亿兆之和协，输忠诚之至情。以发扬

祖宗之休光于无穷。此乃实为宇内所齐仰，臣庶所永赖也。臣等拜圣敕，不胜感激之至。自今以后，当愈益效匪躬之节，夙夜淬砺，扶翊邦家之进运，誓以答奉圣旨。臣公望诚惶诚恐，顿首谨奏。

三十一日拜诀式并纳棺式：

御船（或指内棺）厚七分，中棺二寸，外棺三寸。三棺之间，填以水泥。总体长一丈，高三尺四寸，宽四尺。棺台厚五寸，其上施以白绫薄边。灵柩与棺台共安置于白木吴床，以二层白羽覆之。前宽一尺五寸四方，高一尺五寸四方；根底附以真杨桐木一对，以及御忌火、御神馔、御币帛。

纳入御船中的遗骸，穿白羽二层之清衣，同一枕头，三袭之褥、丹，以及其他相距数种。

八月一日（四） 一日的报纸左侧打出广告栏

輀车(牛车)

总体（御）涂黑，（御）尺寸比英照皇太后陛下（御）时长大。（御）形状葫芦花型。外侧大轮七个，每轮组矢二十一枚。左右和上部施以栗色网络，御帘四垂。用于前后两面与左右上部后方两处，竹为本磨。边缘和穗子皆素色。御帘内侧之御引立，四处皆使用近江表鼠色平绢，由引立的上部垂下的帘子，乃上好的钝色，屋顶内部是涂黑的格子天棚。御帘上部吊挂下来的璎珞皆为金黄的御纹章菊花和花菱。御榻涂以黑色。御小五金全部使用黄金。另外，万一时节使用的雨被，为青漆色桐油制造，与纽皆为白色。

御辇（青山至桃山）

御神舆与此相同，一名葱花辇，整体皆黑色，金具类乃无饰之素铜。四方御垂帘乃为本磨竹。组系、边缘，均使用钝色绢，四角垂挂钝色平绢之帷幕。御屋顶四隅尖端，吊挂绢丝穗子，横竖支撑棒皆涂以黑漆。顶盖内部为格子天棚，垂木末端，附以素铜之饰。御辇后部，为观音扉也，扉外面垂以御帘。万一时之雨被，涂以浓黄色桐油，四个角落当饰以金色御纹章也。

大正三年家庭日记

大正三年十月三十一日至十二月八日

大正三年（1914）

十月三十一日（六） 天长节。秋雨萧萧，时闻哗哗之音。有人前来告知家中犬[1] 死于下面的人家。估计大概如此，看见项圈，果然不出所料。他们说就埋在这里吧。我说，还是埋在我家里，随即派车夫去买了四角箱子和墓标。后院听到铁锹声。墓标拿来了。写上“为爱犬而立，葬于不闻秋风之土”。狗的名字为赫克托尔，病后出于廊侧时，见它蜷伏于茶之间对面，呼唤它，它一向不应。我想，我长期病卧，它早已把我忘了吧？那时节，夜里还能敞开走廊一侧。柿子红叶要稍长些时候。第二天，它卧在书斋廊缘边的木贼丛中，流淌着口涎。从六角形石臼般的钵子里舔水喝。我叫护士将那狗送到兽医院，于是，自第二天开始，就不见了它的姿影。十月三十一

---

① 夏目家里的爱犬赫克托尔，以特洛耶战争中勇士的名字命名。《玻璃门中》第五节，具体描述了死在某人家庭院水池中的情景。

日天长节，其后有一周的时间了。葬犬发生在午前。

佐藤[1]的葬仪十一月一日举行。铃木[2]的父亲二十九日午前七时死去。是由于肾病而引起脑溢血，躺卧三四天就死了。夜，前往铃木家吊唁，本来说让我看大雅堂的，终于没有去看。屏风立于遗体周围。比起观看写真版好得多。这天是在青岛发起总攻的日子。

阿菊的事。随便旷工三个月的阿菊听说回来了。妻子明明知道，却一直瞒着我。

“您的意思是说阿菊不能回来吗？”

“我没有义务回答你如此的责问。我倒要问你，那么长时间，你为何对她的消息一字不提，只是偶尔漏一句，说阿菊这个月底回来呢？而且不是对我说的，而是当着我的面对别人说的，我只不过听说罢了。”

“好吧，我向您赔礼。”

“‘好吧’担当不起，你直到今天从未痛痛快快向丈夫道过歉，今后也不会有。如此老成的女子，不应该因此类事惹麻烦，即使有，也要高高兴兴说一声对不起。”

十一月七日（六） 铃木葬仪。据说是祯次的意思，我正吃着盒饭，妻子走来说：“我乘的马车好像还有座位，您和大家走过一条街，然后从那里乘车前往佛寺吧。”

我很生气，但不露声色，叫她回到家里立即给铃木挂电话。对

① 佐藤真一（1868—1914），号北江，《朝日新闻》总编。
② 漱石的内弟铃木祯次。

方问哥哥的回话都说了些什么，妻子回答说我已经上路了。正在洗澡，妻子回来了，她问我，事情没有完您怎么就回来了呢？

我怒喝道："你为何只想着将祯次的命令传达给我就算完了？我不会只听祯次的命令。首先，你只按祯次所言，也不问我如何打算，这是不妥当的！"

"当时，您不是说这样很好吗？"

混账！哪有这样的人，葬礼期间，又是和人吵架，又是骂老婆。

十一月八日（日） 传来青岛[①]陷落的消息。纯一[②]不懂"陷落"为何意，他说，昨日只是听米店伙计说"陷落"，不知道什么意思。——我说陷落就是降服，他又问什么叫"降服"，我告诉他就是使对方无条件投降的意思。他终于弄明白了。

中午吃饭时，妻子以一副玄色家徽衣服及白领打扮而现身。我问她到哪儿去，她说今日铃木家出殡仪式，她要去。看样子她无意告诉别人，只顾自己要去。本来，我为昨天的事还没有消气，现在又起纷争。往来语言一如昨日。我对她说，可以不去。妻子辩解说，是吗？可过去有时也参加过别人的葬礼呀。她所说的"有时"，是指上回铃木夫人去世的时候，只有一次，绝不是什么"有时"。再说，铃木祯次的妻子毕竟是我妻子的妹妹，铃木的父亲同妻子的关系虽说比我更亲，但既非骨肉，亦无血缘关系。出席葬仪也就够了。我因昨日之事，断不答应她。妻子红着脸退下了。她叫下女将湿手巾盖在头上，仰卧在床。然后进行按摩。本来，妻子每日都要实行按

---

① 当时青岛属于德国租界，第一次世界大战中被日军攻占。
② 漱石长子，1907年生，音乐家。当时七岁。

摩。一问，据说是肩凝。原来如此，一到别的地方，肩膀就疼，未曾停止过。可照样洒洒而外出。睡懒觉是她的特色。但只要约好到哪儿去，就会出人意料地很快起来。平时，她一早起就说头晕，可今天整日马不停蹄，回家来从不说一句因睡眠不足而头痛。这期间，她问我能否去有乐座剧场的美音会[①]（我病后起卧还都是靠护士照料），我认为她这种行为不识时务，故怒而不答。妻子终于作罢。可妻子找来个按摩的男子，几乎每晚都来为她揉肩膀。既然肩痛，哪里还能去有乐座？哪还有心思去听音乐会？这类矛盾每天都会有。

听说晚上铃木来了，男孩子带来了两盒礼品饭（伊予纹）。我问孩子，是不是三重吉给我的，回答说是的。这很奇怪。（包装很高级）孩子都想要。他们都吃过饭了，眼下正高高兴兴地瞧着，等着做父亲的吃上两口，剩下的分给他们。妻子走来用筷子夹起一小块酱腌的芋薯，加三叶和鸡肉团在一起炸制的鱼肉丸子。我问她哪里来的，她说是今日逮夜[②]铃木带来的。这时我才弄清内情。总之是送给妻君的礼品，不是我所应该享用的。但我故意吃得很香甜。孩子们说，真好吃呀，等着轮到自己呢。我于攻陷青岛的翌日，吃着这样的美食，很愉快，很香甜。我说，这不是请我的，而是请你们的母亲的，所以吃得更香。我吃姜的时候，纯一说："太辣了吧？"我说，我没有开玩笑[③]。不一会儿，我放下了筷子。妻子谈了葬仪的事情，对于今晚的美食只字不提。我想，哪怕是狗屎我也会给你吃个精光！凡是不利于自己的事，妻子都瞒着丈夫不说，她就是这么个

① 明治四十四年（1911）举办的由田中正平主唱、古曲杂入洋乐的演奏会。
② 忌日的前夜。宿忌。
③ 译者注：父亲听错了儿子的话。

女人。而且，尽量宽大地看待丈夫。她认为，只要自己顺着丈夫，丈夫就会增长自己的资格。松屋、三越每有大型卖出活动，她总是前往。她为自己买了各种东西，但不为我买点儿什么，总觉得有些难为情。尽管如此，她还是为自己买东西。到头来，又担心伤害丈夫的感情，于是，这回就又净为我买了两三匹布料，而且丝毫也不挑拣，只要不讨人嫌弃，就一概买回来再说。

下女，有小偷嫌疑（桂庵[①]）。第二个下女，一早到来，连后门都不曾关一下，立马就辞退了。下个下女是美人。待一天就回去了。[②]（她前面也是个美女，也是待一天就回去了。）接着是新井屋、玉子屋介绍的女子，沉默不语，而且时时对我用刚刚能听到的声音说道：对于小孩子可不能这样啊！对我的兄长称呼老爷子或大老爷。就像寻常出入的商家酒馆的女子，动辄就是“你好”“请多关照”。还有一个是山形人，她对孩子很简慢，经常有失礼行为。而且只对我使用敬语。依我看，这两个和先前妄自解雇的两个下女，都是伪物，但凡伪物，都想一脚踢翻。然而，彼等至今不急于改变自己的态度。若不改，我就立即明白这是自己的伪物。但是，说改而不改，我就认为那不是人。我打算作为禽兽对待。因为彼等没有做人的资格。妻子过于认真，或许因为是相模渔夫的女儿。依我说，渔夫的女儿服装整洁，其次办事爽快，不管怎么说，毕竟靠近东京。她的口音一如东京或长居于东京的人的口音。另一个山形出身的女子，属于东北人无疑，她并非不会说她所标榜的语言，而是故意不说罢了。

① 家庭佣工者介绍所或个人。
② 第二个下女来时的早晨，厨房后门一直未关，她只待上一天就被辞退了。

妻子照旧对她们一视同仁。妻子知道俩人的内情，所以才能放心地使唤她们。这样对丈夫来说，毋宁是 chagrin[①]。

我对于纺织服装店，不管他们使用何方语言都无所谓。因为他们很真诚。我对花木店感到不快。对于妻子，就像老朋友，说话随便。而且当着我的面比较郑重。不懂规矩的家伙。

十一月九日（一） 晚上的会话。我和妻子。

“你去的静座剧团几点开演？”

“先生三点或三点半到达。”

“可你零点一过，肯定就要走出家门。即便步行，到白山御殿町也不用一个小时（男人的步伐）。”

“有时绕道寺町买点东西什么的。”

“每周都有事吗？”

“嗯，总会有些事的。此外，今天要去参谒佛寺，得早点儿出发才行。”

“祭祀谁？”

“今天是您家婆母的忌日[②]。”

“我不知道，不过好像差了一个月。”

“虽说月份不一样，但日子是对的。每当公婆的忌日，我都要去寺院烧香。”

“父亲的忌日是哪一天？”

---

① 苦恼、痛苦。
② 漱石母亲千枝殁于 1881 年 1 月 9 日。

“和刍子[1] 同一天，我记得很清楚。二十九日。”

“不一定每月都要参寺。可以照离世的具体月日，去一次就足够了。”

……

“所谓静坐，就像妇女约谈会见那样的社团。大家聚在一起说些无聊的话题。”

“在等先生的时候，外头有人也能说话。”

……

“不光是买东西，参谒御释嘉陵之后，还有活动。”

“还要走御百度[2] 吧？”

“有时走，有时不走。”

“为何要做这些事？”

“管它有用没用，我都要做。”

“参拜御释迦菩萨，要是当家人生病了，那是求之不得的幸福。一听有这样的效果，你肯定失望了。能保护孩子们安全吗？”

“不知道。”

九月生病前，我经常独自一人出去发邮件。每天早晨，持续四五天。（偶然的结果）。于是我打开格子门，一钻进门就听到家中响起钉钉子的声音。第一天第二天第三天都是如此。到了第四天，我一出门就立即返回，从茶之间一侧进去。妻子正面对柱子钉钉子。那根柱子上，三寸钉正刺进虫封的中央。我问她干什么，她说为伸六做虫封。我从妻子手中夺下锤子，立即将虫封箱子砸毁了。即使

---

① 五女刍子殁于 1911 年 1 月 29 日。漱石父亲直克殁于 1897 年 6 月 29 日。
② 译者注：寺社境内，一定距离走上一百回，反复祝祷祈愿。谓之百度诣或御百度。

如此，我还是不消气，将外边的虫封（有四五处，其中或许也有不是虫封）一律砸个粉碎。随将碎片归拢一处，投进后面的垃圾桶里。

病中睡不稳，多半是半睡半醒。十时正要进入正式睡眠，下女来关厨房后门，被惊醒再也睡不着了。一天晚上八九点钟，心情很好地睡下了，那种声音又把我吵醒，再也睡不着了。只听妻子小声对她的弟弟说，无论如何，不能调笑，既然不死，事情会很难办……一个下女，平时默不作声，但有时在家里大声说话，嗓门很大。对待我的孩子们简直就像老妈，一副粗野的语言。我去年禁止下女乱用电话。病中又有一个下女去打电话，“喂，喂”反复喊了几十次。她似乎想告诉朋友，自己现在在这里做下女，但一点也不得要领。待在茶之间的哥哥出面帮她接通，下女拿起电话东拉西扯唠叨了一刻钟。

我沉默不语。为病苦所犯，只想早些死去，世上的事怎么都行，关我何事。然而，想起听到妻子的那番话（跟她弟弟说的），非常愤怒。

翌日唤来妻子，告诉她不可窃窃私语，要说话，声音就应像普通人一样大小。

山形出身的下女，第二天晚上，称家中的猫为“猫先生”，这是有意而为。妻子当晚就寝时（她在下一房间带两个儿子睡）又在低声细语。这是在对孩子说话。所用语言也没有什么不好。不过很显然，那是在故意抵制别人的限制。

第二天晚上，相同的事情又重复一遍。我上厕所时，真想一脚踢飞妻子的枕头。“不要说话，快睡觉！”说罢，进入厕所。妻子回答："好的。"

一个号称渔夫女儿的下女，梦中老是咯咯大笑。干吗这样肆无忌惮地笑？妻子明明知道，我十分讨厌这种一个劲儿的傻笑。但是，如果我不对下女的笑抱有不快，也不会觉得她有意而为。于是，妻子外出时，我对那个下女说，不要那么笑，叫人受不了。后来，下女就不大笑了。然而，叫人受不了，究竟是谁受不了呢？真扯淡！

同是这个下女，妻子在洗澡间呼唤孩子，她去传话，对孩子大声喊道："喂，叫你呢！"于是，两个下女紧接着也感到好笑，忍不住地笑出声来。

妻子在我沉默不语时，绝不会开口说话。她就是这样的女人。一次，我坐下举箸，发现筷子是脏的，正瞧着，妻子看了，问道："脏的吗？"接着，撤回饭盘走向对面时，对下女说道："我也被查问了一番。"（这是去年的事）。最近，对方提起这件事，我不知道是什么目的。

我家里每次来了年轻人的媳妇，便由我出面应酬。妻是女流，出于礼节，也来陪坐。一次某人来访时也是如此。于是，她对下女说什么，如果她不出面，又要挨数落。每当说这些话时，她总是选择我将能听到又似乎不能听到的距离，使用不大不小的音声，这就更见蹊跷。

我的上衣和裤子不配套，妻子说我穿着的方法不对头。没办法只好将上下缝合到一起穿。我讨厌那种里子横着露出来的服装。我

为此斥责她，她就说我穿法不对。这类事经年不改。现在的穿着，里子一开始就横着刺出来了。

我出门做客的棉服护胸，总是袖口露在外面。妻子认为尺寸是对的，所以不予理睬。两年之后，妻子主动发现袖长有问题，告诉我，脊背的针脚缝得很弯曲，而且弯度达到一寸以上。不知是家里人干的，还是裁缝干的。如果用尺子量一量，就很容易发现这一点。当我提醒露出袖口时，也可以好好量一下嘛。

妻子早晨睡懒觉，我发牢骚她也不起。有时睡到九十点钟。在国外我写信问过她几时起床，她说九时左右。一般来说，妻子睡到九时起床，丈夫比老婆早起的家庭极少。这样的丈夫只能认为是贝罗西亚[①]。妻子的借口准是因为头脑不好，她认为早起之后，一整天昏昏沉沉，干不了什么事情。因此，孩子上学后，一切应该整理的时候，半天起不来。然而，一旦有了外出的约会，无论几点钟，她都起得出奇得早，而且从来不听她诉苦说什么头痛。真是令人百般不可思议。近来，她倒起得比我早了，这是我家七件怪事之一。如果问她，她就说静坐会使头脑变好，所以我不问她。

妻君的按摩也是令人不解的现象之一。几乎每天都按摩。女按摩师和男按摩师兼而有之。这位女按摩师出入大隈[②]先生宅邸，以及大隈家亲戚三枝家里，因而，言语谨慎，但全都充满矛盾。说什么无论自己的事，还是他人的事，都应该去严肃的场所。这在我听起

① 原文是“ベーロシャ”，意义不详。

② 大隈重信（1838—1922），政治家，早大创立者、总长。

来，只是有意而为之。然而，细君去看戏，去有乐座剧场时，从来都绝不说明按摩的必要。娱乐对于她，看起来比按摩更有效。

在这之前，有个矮个子下女，实在是个品行不佳、小肚鸡肠的女子。但她很使妻子满意。我最后还是将她赶走了。那女子专跟我过不去。长一副万古烧[1]狮子脸。龇牙咧嘴，说起话来细声细气，像边读边卖的报贩子。我每学她，她马上就对孩子摆起面孔进行复仇。实际上看到的就是一只可厌的动物。妻子tometome地喊她，刚过两周，又改为tomitomi地叫她。不知为什么。我说不是喊tome的吗？她就糊弄我说，哪里，不就是富[2]嘛。跟我打招呼，只差没喊我聋子了。下边的下女照例说是相模渔夫的女儿，一开始叫仓仓，然而到后来，又改叫她刷刷了。不管其缘由如何，我只能认为，那个下女是专门戗着我的感情反复而为之。所以我打算永远管那下女叫仓仓。

木曜面会日的晚上，下女叫大家稍等一会儿，出去一看，妻躺在茶之间。说刚才心脏剧痛，吩咐给医生打电话。不过现在倒没什么，只是为了防止万一。我马上打电话。询问是否心脏痉挛，医生说，心脏痉挛不会是这个样子，想想，可能是风湿吧。假若疼痛，可以给她吃我的常备药。不过，我的粉药自然是碱性类，是中和酸性的胃药。我对妻子说明了，她也没有特别怪讶的表现。在这之前，她胸痛或头痛时，我给她叫医生来，经诊察也没有说出个所以然来。

① 伊势桑名、四日市附近烧制的陶瓷器。
② 译者注：日语中“富”字，发音为tomi。

当时医生脸上明显表现出这样的意思：这么点儿屁事，非要故意搅得别人心中不安才行，哪有这样的女人？妻子以前患过歇斯底里症，但只要听到说她有什么不好，她就倒栽葱倒在厕所前的走廊下边。这种事反反复复，我对她的诚实产生怀疑。如今，看到医生的表情，我更加相信我的判断。第二天，妻子在我起床之后还在躺着。我故意打了个大哈欠，妻子什么也没有说，她不一会儿起来，一切都像往常一样。

我病后四五天，妻子夜里似乎抚摸着脊背。去年出血时也是同妻子关系最坏的时候，拉出的是鞋油般的黑便。医生也惊呆了，命令我安静休息。妻子时时斜睨着我的面孔。我故意不朝妻子看一眼。妻子的意思我不明白，但我便血而死是我的自由。因为我早已怀着孤注一掷的心情了。我明明知道病中爱发脾气是身体越来越危险的信号，但还是容易动怒。一天夜里，我听到厨房有人一个劲儿嘎哒嘎哒狠踹脚踏板，大喝一声“小偷”，从病床上一跃而起。下面房间的妻子看看我，说确实像小偷，但绝不是小偷的声音。是有人故意恶作剧的声音。我便有些犹豫了。然后，我到厨房掀起脚踏板，用力敲击内里，这是因发脾气来的。我又进入被窝之后，听妻子小声对下女说什么“看来还不够伟大”。她是批评我听到小偷就犯起了犹豫。

这次生病时，脚踏板没有响（妻子后来说明是猫弄的，但我绝不这么认为）。不过，从前那个美人下女（屋主本是筑土的鸡蛋店，中介人是邻居牛肉店的三枝）初来的晚上，也发出了同样的声音。我没有出去。下女第二天就回去了。妻君见我发怒，就故意在木板上拼命堆重物给我看，不过最近全停了。尽管如此，掀动木板的声音，一点也没有了。这种防御的办法只能认为是专门对付我的鬼把戏。

这回生病之后，妻子看到我的身体情况不妙，便请来了护士。一个姓大酒保的同去年那位一样熟读《圣经》的女子。护士一来，妻君在我的病室里很少露面了，只有医生前来诊病时出来一次。因此，医生问起我的身体状况，她有时回答不上来。还有，医生来时，在我的枕畔一坐下，就照例打个长长的哈欠。

花匠隔几天来一次。妻子随便命令他移植院里的树木，铺设一些奇形怪状的石头。后来我也吩咐他按照我的命令做，他也答应了。于是，他五六天就又来一趟。他打扫下女的房间。我责问他："为何不听我的话？你拿的工钱都是我的钱，不是我老婆的钱。"第二天，他一早来到我面前，恭恭敬敬地问我："老爷，芭蕉除霜如何进行？通常都是用稻草包。""那就照样做好了。"这位花匠是呆子，然而，他对人说话使用如此恭敬的语言，却对孩子和妻子非常蛮横。

妻出席铃木葬礼时，置办了一套羽二重丧服，她对此事一字未提。做好之后，就说最近作丧服很便宜什么的，云云。简直就像一副获得别人许可之后的语调。

从十二月起，决定账目由自己管理。扣除十一月份的花销，剩下四百一十元或二十元。妻为笔子每月在银行储蓄十五日元，这事同样未跟我商量。过了五年，说是到了一千日元。

下女说是渔夫的女儿。不爱说话。但有时候又发出极大的声音。其后，对孩子们说话就像对待自己的孩子。警察一来，她就热情地打招呼："您好。"即使从外表上看，也不像是渔夫的女儿。只要想使用郑重的语言，就能使用郑重的语言。

我告诉妻子，用普通音声述说普通的事情，这是礼节。于是，下女决不照我所说的做。她不说刺耳的话，但凡惹人生气的事情，她总是大声讲述。关于这些下女，自打我从国外回来这十多年，一直跟我过不去。她们中任何一个人，都不能作为一般人家的下女录用。每次调换，必定又来个怪人。桂庵来的，也有默默回去的。偶尔来个讨人喜欢的，往往做一天就回去了。据妻子所说，因为不是正经人家，所以都不是正经女子。她们的工钱，每人都是十四元五角。

这位自称渔夫女儿的下女，好像嘴里的臼齿夹着东西，不住“西——西——”地吸冷风。开始以为是习惯，因为声音太大，我看她是故意而为。有一次，我从外面回家，她对另一个下女说牙疼，但又不肯去看牙医，只是一味发出可厌的响声，一个劲儿“西——西——”地吸冷风。我没有理由硬性地阻止她，作为过去的习惯，假如阻止其中令我不快的一项，那么她肯定会用别的办法损害我的感情。如果我硬要制止，她又用新办法使人不快。所以出于无奈，我只能遵照对方的做法，也同样“西——西——”大声地吸冷风。

一天因为有事相商，我必须到住在本乡的佐佐木信纲家里走一趟。电车上遇到一位和下女发出相同用臼齿吸冷风声的女子。我也发出了响声。对方因而中止了。到了佐佐木家，因为我们又要一同去大冢，我在等待佐佐木做外出准备期间，听到隔壁房间发出同样响声。我也回敬对方同样数量的响声。在大冢家里倒是没有听到此种不愉快的声音。前一天晚上，松根来过了。他的臼齿也发出同样的声音。我问他：“你牙齿疼吗？”他回答：“疼，但无暇去看牙医。”然而，他绝没有牙疼的表现。那天是礼拜六，去佐佐木家是礼拜天。

中与安倍礼拜三来过我家。我请下女拿个什么过来。本来，我使用了听起来不很自然的语句，不过，下女老是制造矛盾，如果一味责怪她为何这样做，她就会胡乱讲一番道理蒙混过关，而且必定还会在另外的事情上寻求报复。鉴于此，我故意做些与我的性格完全相反的事情。当我对下女刚一说出“请把什么什么东西拿来”的时候，安倍猝然发出了同样用牙齿吸气的响声，而且，反反复复好几遍。我问他：“你牙疼吗？”他的回答稍稍不同于松根。他说，这回不是牙疼，不过总觉得有些怪。我对他说。像我这般上了岁数的人，牙齿疯长，牙齿与牙齿之间的隙缝里空当儿很大，所塞之物全靠空气的力量去除，因而只好“求——求——”个没完。即便当着客人面，使他发出失礼的响声，我也只得让牙齿发出声音来。于是，安倍也没有停止。因为老是发出令人不快的响声，我不得不叫他快些把那种响声停下来。安倍回答：“知道了，马上停止。”然而，说着说着又来了一次。“哎呀，真对不起。”说罢，这才停了下来。

眼下，家中的下女，依旧不停地“西——西——”地吸冷气。她专门挑选妻君不在家时，吸个没完没了。这既可理解为执行妻子的命令，又可以理解为妻子不在更加毫无顾忌。果是前者，则妻子太可恶；果是后者，则她们下女欺负主人而独尊妻子。还有，她们更加露骨干出那些令我不快的事，必定选在妻子不在家的时候。难道妻子是为了推卸自己的责任吗？果真如此，那么妻子就是世间最浅薄最无趣的女人。

电话局打电话来，叫快交一份情况说明书。电话局打算叫对方写检讨书。他们提醒说，文明馆老是打错电话，可以拿掉话筒，表示抗议。为了减弱铃声，里头塞些碎纸就行了。

警察来，说是从桂庵雇用的那位下女有嫌疑，叫她去一趟。

吃炸鸡块，甜得可厌。一看，旁边附着的不是食盐，而是砂糖。

十二月八日（二） 妻子说她要去三越购买薄绉绸衣服里子，以及背心里子，还有纯一和伸六的棉袄罩衫。问她需要多少钱，她说大约十五日元。我把钱包里的二十日元交给她，叫她顺便为我买一只“羽二重”围脖。妻子回来了，拿出黑色的“羽二重”围脖。漆黑一色的围脖真是出人意表。我问她为何买黑的，她说家里有白的。我说，家里是有白的，但污迹斑斑，而且又窄小，不能用，所以才又叫你买的。妻君推说这些她不知道，想糊弄过去。我说三越其后反正是要送货来的，打个电话，叫对方将白的一起拿来，换一下不就得了？妻子本没时间打电话，但她很快出来说，对方回答了，不拿黑的去不给换。我命令她再打电话去，并且守在电话机旁监督。打电话和进行交涉花了五六分钟，对方根本没有说什么不拿黑的就不能交换。我接电话进行谈判，说白的三元，黑的三元二角，拿去换没关系，不过还余二角。对方说，那两角无所谓，我说不行，对方说，那就添个两角钱的手帕什么的吧。

大正五年最终日记

大正五年四月二十三日至七月二十七日

大正五年（1916）

四月二十三日（日） 糖尿病。和渡边[①] 谈话时，请他告诉真锅[②] 。真锅打电话来。前往大学物理治疗室。尿检查，糖分甚多。

两天里只进蛋白性食物。第二天送二十四小时尿。检查结果二十四小时尿无糖分。但二十四小时变稀薄了，再选择饭后两小时部分检验。

第二天饭前使膀胱空置，然后分为饭后二时尿、晨、午、晚，取样放置，翌日（二十二日）送检。

二十三日晨，真锅打电话来，说依然有糖分，但比以前减少一半。鉴于以前送检二十四小时之后马上摄取平常食物，还有，听说

① 明治四十二年三月二十三日，次男伸六生病时，有“决定请外科医生渡边”云云。

② 真锅一郎（1878—1941），医师，漱石松山中学时代的学生。以东大传染病研究所医生名义，在大正四年设立的物理治疗所工作。

是为检查而变更食物，因而还想再检查一次。并且，这次进食糖分减少到何种程度，是否保留于体内等，都应该再检查一次。遂决定将二十五尿分三回于二十五日送检。（真锅看后至明日礼拜一，正好一周）

四月二十六日（三）真锅来电话:尿检幸好无糖。此外，还要做一次试验，摄入多少糖可保无虞。吩咐我礼拜六（二十八？九？）一早，饭前使得膀胱空置，吃一片面包的八分之一之后，送检第二时间的尿。

四月二十九日　夜，真锅来电话：尿中无糖分。接着，吩咐我半斤面包的八分之一，分晨、午、晚三回吃下，将食前空置的膀胱储存的饭后二时的尿，分装三瓶送去。三十日的尿，按指挥取样放置，五月一日送检。

五月二日早，真锅来电话：昨日尿里无异状。中午吃半斤面包的四分之一，晚上吃二分之一，送检二时后的尿。

五月三日夜，真锅来电话，半斤面包的四分之一已经无糖分。明日三餐，进食二分之一，再将二时后的尿送检。

五月五日夜电话报告。早晨有，中午没有，晚上有。因此，摄取半斤面包的二分之一就出现糖分。下回，进食米饭半碗再行试验。将六日午前的尿送检。

五月十六日（二）一直病。十六日起。十七日接真锅电话。提出用半斤面包的三分之一做实验。十八日晚电话报告。二次无糖，一次有糖。

季节。五月四日（周四）石榴发芽。叶外部茶，芯薄青。一面光滑。叶筋也一律。薄芽可长至二尺。地板上有牡丹，同时有白水仙。

自然科学一般化。将此法则适用于个性的医术不完全。

科学的应用（工科）与文艺。出自个象，出自法则。universality①的程度。

进入实际社会应该修养。修养之后，应该工作。两者皆好事，没有排除其他的必要。但就具体个人来说，还可以讨论。甲的心事拼命一味被突显于现实社会，那很成问题。乙的认识一味被高蹈而游离，那也很成问题。

有了符合逻辑的，才会是艺术的。真正艺术的东西，必然是符合逻辑的。

性侵女人者翌日的心理变化。退潮的情景。不管藤洋的心理。因而引起后悔的状态。

五月二十八日（日）继续检查尿糖。五月二十八日，真锅来电话，按原来午、晚、二十九日晨取尿那样的惯例，进食三分之一面包，再行试验。二十九日送检，三十一日电话报告。午前部分有糖。估计是早晨用脑工作（写小说一章）的缘故。然后约定，每周尿检一次。上午部分所出糖分比以前少了。真锅的助手为了研究，专就

① 一般性，普遍性。

我的小便制作了表格。

六月二日（五）同孩子对话。

“爸爸，扫帚星出来时，就会有灾祸吗？”

“那是过去，人什么也不知道。现在，明白是怎么回事后，这种说法也就没有了。”

“西洋呢？”

“过去西洋没有这种说法。”

“不是说，Caesar[①] 死的前一天出现了彗星吗？”

“唔，恺撒自杀前一天吗？那时是罗马时代啊。”

“爸爸，地面下有水吗？”

“有啊，有水。打井不就出来水了吗？”

“那么地面不塌陷吗？”

“你不是也没塌陷下去吗？”

“正因为下边有水，所以才不陷落的吧？”

“不能这么幼稚啊！”

“爸爸，这住宅要是一艘军舰该多好，爸爸。”

“爸爸还是喜欢一般的住宅。”

“为什么？”

“不为什么。”

---

① 译者注：恺撒（前100–前44），罗马将军、政治家。

"地震时住宅会倒塌的。"

"哈哈，军舰不是一样会毁坏吗？我没注意过这玩意儿。"

六月初

柿子花，落了。豆藤花（缠络于梅树之上），落了。雄蜂来吸食（形）花。

六月七日（三）

袁世凯死。
基钦纳[①]溺死。
北海海战之际，作为观战武官，乘玛丽女王号军舰的下村少佐死。
以上三件事传播一时。以及其他。

泰戈尔[②] 逗留于横山大观家一事。史密斯[③] 昨日飞行。前天作夜间飞行。原、犬养、加藤三人，于三浦宅邸会谈。[④]

六月十五日（四）萨摩上布（三十二元）十字花型纺织。出自皆川。

---

① 霍雷肖·赫伯特·基钦纳（Horatio Herbert Kitchener，1850—1916），英国陆军军人，1909 年，为参观大型军演来日。小说《门》第四节中有涉及。1916 年 6 月，前往俄罗斯途中，所乘军舰触德国鱼雷而沉没。

② 拉宾德拉纳特·泰戈尔（Rabindranath Tagore，1861—1941），印度诗人、思想家。诺贝尔获奖者。漱石曾经就《来日期间的泰戈尔》，著文刊于 1916 年 7 月号《新潮》杂志。

③ 美国特技飞行家，1916 年 6 月 6 日，于皇居上空举行表敬飞行。

④ 当日报纸刊登《三党党首会谈》消息，并附照片。与会者为政友会总裁原敬、国民党总务犬养毅和同志会总理加藤高明三人。报道称："大正政界黑幕，于三浦梧楼小石川之富坂邸会谈。"

六月十六日（五）（十七日）

大风。柿子（如豆见所见）掉落。栗子花。史密斯坠落。

六月十七日（六）

<table>
<tr><td>三笠绢</td><td rowspan="5">皆适合于酷暑夏之羽织衫。</td></tr>
<tr><td>三笠纺</td></tr>
<tr><td>冷风纱</td></tr>
<tr><td>青梅纱</td></tr>
<tr><td>两面纱</td></tr>
</table>

六月二十日前后　进食半斤面包的五分之二后，尿检。报告：无糖分。

六月二十六日（一）梅雨淅淅沥沥。近来开始入梅，然无相当雨量。有时，暑气蒸逼。自五六日前，始着白地浴衣。孩子们饮冰水。今日无意于着白地，而于捻线绸长衫之内增添一件内衣。

六月二十二、三日前后　庙会。白百合。火红的石榴花。紫阳花。Geranium[①].

六月二十六、二十七　暴雨。宜穿风衣、羽织外褂。

二十八日　阴，依然较冷。

---

① 译者注：老鹳草。

六月二十八日（三）

在铜器上着色。青茅吗？草名。黄色。

在上州，在茧桃子（？）上抽丝。（用手抽）。熟练的人，一天能抽七升。用机器（蒸汽）抽不好。

草木整枝。

枇杷	五月	一次
扇骨木　等	六月梅雨期	
青铜	入暑后	一回
	九月	

松树，于绿色未长时期，或五月。

六月下旬季节性植物。青鬼灯，处处开白花。

糖

六月二十九日（四）午后。晚。六月三十日早晨，进食半斤面包的一半，检验尿糖。午后与早晨无糖分。晚间有糖分。

六月三十日（五）前往 Bandman①。

七月九日（日）小院庭前。

凤仙花。花开艳红。

---

① 译者注：音乐会。

勿忘草，花朵极小，五瓣，花色淡紫。

孔雀草。黄八瓣木（黑红）。

小樱草。

吾亦红。

叶鸡头。长约四寸。

紫堇。约三寸。

花色浓紫。

新菊。

花魁草。

白粉草。尚未开。八月开花。

百合。

美人蕉（未开），也有开的。

虎之尾（五寸左右）。

麒麟草。

七月十一日（二）尿糖检测。

午、晚、（十二日）晨。进食半斤面包之一半后，检测。

七月二十七日（四）？（入暑五日）前后。

雨，寒。浴衣内穿麻布衫。

译后记

日本岩波书店版《漱石全集》第十三卷，收录夏目漱石自明治三十三年（1900）至大正五年（1916）的日记长达八百四十页之多。对这些日记加以分类，大致如下：

首先是（1）明治三十三年（1900）9月至翌年11月的伦敦留学日记；（2）朝日新闻社入社时期，即明治四十年（1907）3月至4月的京都旅行日记；（3）明治四十二年（1909）5月至8月中的日记，因为同写作《后来的事》相重合，故称《后来的事》日记；紧接着（4）明治四十二年（1909）9月至10月半的满韩旅行日记；（5）明治四十三年（1910）6月至7月末的长与胃肠病院住院日记，以及出院后伊豆修善寺转地疗养中陷入危笃状态所写作的日记；然后是（6）明治四十三年（1910）8月至10月的所谓“修善寺大患”日记；（7）明治四十四年（1911）5月至12月的日记，其间虽然中断三个月，但大都作为写作《春分以后》的内容了；（8）明治四十五年（1912）6月至大正元年（1912）8月的日记，正值明治时代所谓“终焉”时期，是考察漱石思想不可或缺的材料；（9）大正三年（1914）10月末至12月的日记，记述了自己家庭内的“不合与冲突”，堪称家庭问题日记；(10) 大正四年 (1915) 3 月至 4 月的京都旅行日记和 (11) 11 月的热海箱根旅行日记。漱石最后留给世人的是 (12) 大正五年 (1916) 前半年至 7 月下旬的日记。

现代文学研究家、学者平冈敏夫 1990 年新编文库本《漱石日记》，舍弃上述 (2)(5)(7)(10)(11) 部分，其余全部予以采录。本书则以此文库本 2016 年 11 月版为底本翻译。

上个世纪初的旅欧生活，对于漱石思想及文学的形成和发展，具有决定性影响。文库本将全集中作者欧游日记综合在一起，统称为《伦敦留学日记》。当时年满三十三岁的漱石，已是熊本第五高等学校的英文教授，竟然接受文部省派遣，利用有限的“官费”，抛离妻子，远涉重洋，跑到英伦，度过了一年余颇不如意的黯淡生活。日记中不时对个人心境、西洋诸相、异乡体验，作了种种生动的记述，激发了读者无尽的阅读兴味。例如，在他笔下，当轮船接近上海时，“自昨日，秋风暴烈，掀起黄河般之滚滚浊流，惊心动魄。挂在樯头的白底脱黑彩色锚旗，几乎被狂风撕成碎片。……”其不安和迷茫之状跃然纸上。

当他在巴黎告别芳贺矢一等人，独自前往英国时，他写道；“离巴黎赴伦敦。船中风多，颇苦。晚抵伦敦。”寥寥数语，道出了孤独、凄楚之情。

至于初抵伦敦的印象，作者更是作了多方面的描述：

“伦敦街头散步，试着吐痰看看。黝黑结块，深感惊讶。数百万市民，吸纳此种煤烟和此种尘埃，每日持续浸染其肺脏。我擤鼻涕吐浓痰之时，不由惶悚不安。”

“住居在煤烟中的人们，不解其为何如此美丽。细思之，完全是气候的关系。阳光淡薄之故也。对面道路走来一个矮小而怪异的家伙，渐渐进入面前的镜子。走到跟前才感知是黄皮肤的我本人。”

“西洋人惊叹于日本之进步。惊讶来自以往那些对日本轻蔑之人，他们凭意气而胡言妄为，因而才会感到惊讶。……反复思考日本的前途。日本应该更认真。日本人的眼光应该更加远大。”

……

十九世纪末期，实证主义哲学君临欧洲，留学中的漱石自然也成了热烈的追求者，他当时写作的《文学论》，便是有力的证明。不过，漱石始终眷恋写实主义文学，他一直认为写实主义才是欧洲文学的本质部分。他一方面为富于新鲜生命力的欧洲文学思想所吸引；一方面又对一生亲近的汉文学以及俳句等东方古典文学恋恋不舍，时常陷入迷惘之中。

伦敦留学是漱石初期西洋观和文学观渐次形成的基础，表现出一个正直文人不囿于时世偏见，为建树个人人文品格作了不懈的努力。漱石一向为人称道的不畏权势、特立独行、高风亮节、卓然不群的人生哲学，早在这一留学时期就初露端倪，并逐步完善、成熟，为他短暂的生命历程营造了独具的魅力，获得不朽的声誉。

《〈后来的事〉日记》，记述了漱石写作《后来的事》时候的日常生活以及人事往来。从中可以窥知作者和文学青年们亲密的交往，高尚的长者情怀，舒心随意的师生面晤、诗酒谈燕的快乐场景，令人辄向往之。

作者写完《〈后来的事〉日记》，只隔三天便开始写作《满韩纪行日记》。1909年，漱石受老友、当时“满铁”总裁中村是公邀请，前往“满洲”、韩国旅行。9月6日船中着笔，至10月13日“京城南大门发”为止。长达一万五千余字，是本书中最长的一篇。这时期的漱石，再也不是当年利用官费旅英时期的穷措大，而是享誉文坛的学者、作家，不是普通的旅行者，而是炙手可热的“满铁”总裁的贵宾和座上客，访问的地方也不再是当年凌乎日本之上的英国，而是日本统治下的原沙俄占领区。如此的时代背景，如此的环境气氛，即使智者如漱石者，也难免一时是非不辨、同流合污，以为高人一等而忘乎所以起来。这种民族优越感，在整个篇章中时有显露。不仅夏目漱石，抑或是那个时代日本人的通病，就连政治家、学者、作家中的代表人物福泽谕吉、幸田露伴、岛崎藤村等人，都或多或少带有这种思想倾向。

《修善寺大患日记》，真实地记录了漱石同病魔作斗争的凄苦经历，以及不畏病痛、坚持写作的顽强品格和旧式学人高贵的献身精神，为今日耽于享乐之文士所无可比拟。同一切灾难一样，病痛为人人所不取，但灾难与病苦反过来又能砥砺意志，使思想和生命变得更加纯粹与厚重起来。

《明治的终焉日记》，颇为真实地记录了明治末期、大正初期这一转换时期的历史情境和社会诸象。富有悲凉的时代感。同时表达了作者不畏皇权、不分尊卑、上下平等的民主思想和庶民情怀。

漱石日记中最见性情之作，当数《大正三年家庭日记》。这部分日记站在传统伦理道德的立场，直白而细密地记述了作家自己的家庭生活、夫妻关系、下女对待主人的不忠等情景，是整个日记中的压轴之作。

当然，这部分内容是否符合事实，诸说不一。据镜子夫人在《漱石的回忆》的文章中记述，当时的漱石陷入极度的妄想和精神错乱之中，贯穿整个一生的猜疑心愈演愈烈，对妻子与家庭成员一概缺少信赖，置自己于家人的对立面。此种偏执，到晚年尤甚。学者小宫丰隆则不以为然，认为夫人是在为自己辩护，但漱石次子伸六强烈支持母亲观点，在《父亲夏目漱石》的著述中，伸六凭借自己亲身经历作出有力证明，维护了母亲，同时也维护了父亲的名声。

夏目漱石写作《明暗》的时候，身心健康情况已经走进危境，深深陷入精神疲劳之中。他上午写小说，下午写汉诗，据芥川龙之介说："漱石先生作诗也很痛苦，嘴里不住地叨咕，好不容易才完成一首或两首七绝或五绝。论起先生作诗时的表情，那副样子更是严肃认真，难以接近。"(《漱石先生的故事》)

同俳句、绘画、书法等一样，汉诗亦为漱石终生所爱。漱石汉诗写作水平当在同时代日本文士之上。早年的汉诗写作是他文学事业不可分割的部分，到了晚年，写作汉诗只是他孱弱的病体和易感精神的一时调节，一时休憩。

曾见人间今见天，
醍醐上味色空边。
白莲晓破诗僧梦，
翠柳长吹精舍缘。
道到虚明长语绝，
烟归暖　妙香传。
入门还爱无他事，

手折幽花供佛前。

尽管漱石“爱无他事”，但国际形势日新月异，日本社会也处于发展变化之中。随着日俄两国国势的强弱转换，第四次日俄协约的签订，关心和研究俄国的日本人陡然增加。东京外国语学校报考俄语专业的学生由往年的二十几人，一下子增至二百二十余名，超过英语专业的考生人数。1902 年，日英缔结同盟关系时，漱石看不惯当年日本社会为之欢呼雀跃的景象，给岳父中根重一写信时心情沉重地说：“穷人和富人联手了。……国际上的事，也是利益重于道义。”

《明暗》一作，作者每日按规定只写一章，下午写作汉诗。但写小说和作汉诗各有各的欢乐与痛苦。《明暗》的写作一直有汉诗相伴，写到一八八页停笔，成为一部未完之作。

大愚难到志难成，
五十春秋瞬息程，
观道无言只入静，
拈诗有句独求清。

尽管文坛一代英才一味满足于鼠尿满墙的漱石山房，但外面的天空却是一派广阔、湛蓝，令弟子们欣喜非常。1916 年 5 月，《明暗》开始在《朝日新闻》连载。11 月，漱石在木曜会上畅抒“则天去私”的人生理想，12 月因胃溃疡大出血谢绝一切来访，9 日下午溘然离世。遗作《明暗》于作者死后五日载完，原稿上标示着

“一八九”几个数字就戛然而止了，留下永远的空白，永远的遗憾。

这种空白和遗憾，将来会有人填补吗？

译　者

2018 年 7 月末，挥汗草就

图书在版编目(CIP)数据
漱石日记/(日)夏目漱石著;(日)平冈敏夫编;
陈德文译. —上海:上海译文出版社,2020.5
ISBN 978-7-5327-8301-4

Ⅰ. ①漱… Ⅱ. ①夏… ②平… ③陈… Ⅲ. ①夏目漱石(1867-1916)—日记—选集 Ⅳ. ①K833.135.6

中国版本图书馆CIP数据核字(2020)第046606号

漱石日记
漱石日記

[日]夏目漱石 著
[日]平冈敏夫 编
陈德文 译

责任编辑 姚东敏
装帧设计 尚燕平

上海译文出版社有限公司出版、发行
网址:www.yiwen.com.cn
200001 上海福建中路193号
苏州市越洋印刷有限公司印刷

开本890×1240 1/32 印张6.25 插页15 字数92,000
2020年5月第1版 2020年5月第1次印刷

ISBN 978-7-5327-8301-4/I·5090
定价:52.00元